BULLETIN

DE LA

SOCIÉTÉ DES SCIENCES

HISTORIQUES & NATURELLES

DE LA CORSE

VIe ANNÉE

JUILLET-AOUT 1886 — 67e-68e FASCICULES

BASTIA

IMPRIMERIE & LIBRAIRIE Vᵉ OLLAGNIER

1886.

SOMMAIRE

DES ARTICLES CONTENUS DANS LE PRÉSENT BULLETIN

LA CORSE

COSME Iᵉʳ DE MÉDICIS

ET PHILIPPE II.

SOCIÉTÉ DES SCIENCES HISTORIQUES ET NATURELLES
DE LA CORSE

LA CORSE

COSME Iᵉʳ DE MÉDICIS

ET

PHILIPPE II

(par le conseiller de Morati.)

BASTIA

IMPRIMERIE ET LIBRAIRIE OLLAGNIER

1886

PRÉFACE

Il y a déjà une vingtaine d'années, M. Philippe de Caraffa,
un de ces érudits « qui sont satisfaits des seuls plaisirs que
» procurent l'investigation en elle même et la pensée du travail
» que les autres feront, » toujours en quête de documents
pouvant servir à éclairer et à compléter l'histoire de notre
pays, découvrit dans les archives d'Etat de Florence une série
de dépêches relatives à l'offre que les Corses firent à Cosme Ier
de Médicis de la souveraineté de leur Ile. La copie de ces docu-
ments recueillis avec le soin que M. de Caraffa apportait dans
ses travaux fut déposée à la bibliothèque de Bastia. Après les
avoir mis en ordre et traduits, nous les publions, d'après leur
date et dans le cadre sommaire des événements auxquels ils se
rapportent. Ces dépêches qui vont de 1558 à 1569, et qui
émanent en grande partie de Cosme Ier, de Philippe II, de
Sampiero et d'Alphonse d'Ornano jettent le jour sur une négo-
ciation dont Filippini ne fait même pas mention, et qui est
à peine indiquée par les historiens qui ont écrit l'histoire de la
Corse ou de l'Italie. Elles peuvent être regardées comme inédites.
C'était l'opinion de M. Mignet qui, consulté sur notre travail,
nous engageait, dans une lettre du 13 novembre 1876, à le pu-

blier comme devant « présenter des particularités très intéres-
» santes sur l'état et l'histoire de la Corse au XVIᵉ siècle. »

Galluzzi, il est vrai, a eu connaissance des documents dont il
s'agit, et il s'en est servi largement dans son Histoire du Grand
Duché de Toscane : mais il n'a pas jugé à propos de les publier
en entier et dans leur texte, ainsi qu'il a soin de le déclarer
dans sa Préface. (*)

Ce travail était terminé depuis plusieurs années. Après une
longue interruption, nous y avions mis la dernière main, et la
publication en était annoncée, lorsqu'un archiviste distingué de
Florence, M. Livi, fit paraître son Etude historique, la Corsica e Cosimo I de' Medici. Dans cette étude, l'auteur touche à
tous les événements importants qui se sont accomplis en Corse
jusqu'en 1769, mais les relations de Sampiero et de Cosme,
les offres que les Corses firent à ce dernier de la souveraineté, les longues négociations qui s'engagèrent entre Florence
et Madrid sont la partie principale et solide de l'ouvrage.

M. Livi, on le voit, a traité le même sujet que nous. Il l'a
traité, dans quelques-unes de ses parties, d'une manière plus
complète, car non seulement il a pu se servir des mêmes documents découverts par M. de Caraffa, mais il en a trouvé d'autres qui avaient échappé aux investigations de ce dernier. Il en
a tiré aussi de Simancas, et le sujet l'attirant, il a poursuivi ses
explorations jusqu'à Paris, Gênes, Turin et en Corse. Avec

(*) E siccome il Publico a cui non e dato l'accesso di quell'archivio non
avrebbe potuto in ogni caso fare il riscontro dei documenti, così l'autore ha
creduto superfluo di ricoprire il margine di questo libro con delle inutili
indicazioni di armadi, filze e registri, ma si riserva di publicarli autenti-
camente nel caso che nasca il dubbio della verità dei medesimi.

tous ces matériaux, il a produit une œuvre riche de faits nouveaux, remplie de pièces absolument inédites, une œuvre de première main, écrite avec une grande pénétration des intérêts différents qui s'agitaient autour des personnages dont il retrace la figure. Si à ces mérites on ajoute que M. Livi est un ami de la Corse, et que les excès de la domination génoise sont l'objet de ses sévères critiques, on comprendra le succès avec lequel sa publication a été accueillie. En résumé et tout en faisant nos réserves sur quelques-unes de ses appréciations, et bien que la Corsica e Cosimo de' Medici nous semble avoir été écrite sous l'influence de certaines préoccupations qu'il est aisé de comprendre, M. Livi, c'est l'important, a établi ce qu'il s'est spécialement proposé de démontrer, à savoir, qu'après le traité de Cateau-Cambrésis, c'est sur Cosme que les Corses comptèrent le plus pour se délivrer des Génois, et que c'est sous sa protection, de préférence à celle de tout autre prince, qu'ils offrirent de se placer.

Mais si nous sommes arrivé aux mêmes conclusions que M. Livi, nos lecteurs s'apercevront que notre travail diffère du sien sur certains points dont l'un nous paraît essentiel. Pendant que M. Livi, en effet, représente le duc de Florence comme n'ayant point de vues d'agrandissement en Corse, avant les offres formelles qui lui furent faites par Sampiero, en août 1564, il nous paraît qu'il y a lieu de faire remonter plus loin ses projets ambitieux, les pratiques qu'il entretenait dans l'Ile et son dessein longuement médité d'y mettre le pied et d'en prendre possession. Nous avons trouvé d'un autre côté dans la collection de M. de Caraffa un grand nombre de pièces qui nous ont paru d'une importance réelle, et dont M. Livi ne s'est pas servi. A l'aide de ces documents qui n'ont jamais été *publiés, nous croyons avoir fait ressortir avec plus de détails les manèges du Duc pour engager don Garcia de Tolède à ne pas débarquer en Corse les forces que Philippe II y avait envoyées, ainsi que le peu de sincérité que celui-ci apporta dans toutes les négociations. Enfin, les lettres confidentielles du Duc à Concini, son secrétaire, et les dépêches de 1567 au 31 décembre 1569 de Nobili, son ambassadeur à Madrid, dont M. Livi ne fait presque pas mention, ont particulièrement fixé notre attention.*

De cette manière, tout ce qui a trait à cet épisode si important et resté jusqu'à présent si obscur aura été publié, et notre travail, même venant après l'étude de M. Livi, ne sera pas sans utilité ni sans intérêt pour l'histoire de la Corse.

St-Florent, Avril 1886.

CHAPITRE PREMIER

1537 - 12 JUIN 1564.

Cosme de Médicis, premier Grand Duc de Florence, fut un des princes habiles de son temps (1). Elu, le 9 janvier 1537, à l'âge de dix-huit ans, Chef de la Ville de Florence et de son domaine, — *capo primario della città di Firenze e suo dominio,* — reconnu, comme Duc, quelques mois après, par Charles V, il parvint, en peu de temps, par la force et par la terreur, à se délivrer de ses ennemis intérieurs, et à faire respecter son autorité par tous les états voisins. Dès qu'il se fut affermi à Florence, il chercha à s'agrandir; il y réussit avec l'appui de Charles V et de Philippe II auxquels il resta toujours fidèle. — La principauté de Piombino fut sa première acquisition. Après six années de négociations, pendant lesquelles il eut à lutter contre la mauvaise volonté de l'Empereur et contre les Génois qui redoutaient déjà pour leur possession de la Corse le voisinage de la Toscane, il finit par surmonter toutes les difficultés. Charles, auquel le Duc avait prêté des sommes im-

---

(1) « Ce brave et vaillant Jouan de Médicis laissa après lui, de sa femme très-honnête et sage, la signora Maria Salviati, un brave fils comme son père, qui fut le grand Cosme de Médicis, que nous avons vu de notre temps si renommé et si grand homme d'Etat, si sage et si avisé, qu'il ne s'en est vu pareil à lui de nos temps. » — BRANTOME. *Des Capitaines étrangers.* T. I.

portantes, lui accorda, en août 1552, la Principauté pour le prix de 200,000 écus. Il est vrai qu'il fut obligé de la restituer en 1557. A cette époque, Cosme qui ne cessait de réclamer le paiement de ses dépenses pendant le siège de Sienne, reçut de Philippe II Porto-Ferrajo, qu'il détenait depuis longtemps pour le compte de l'Espagne, et qu'il avait solidement fortifié, ainsi que l'Etat de Sienne, à l'exception de quelques villes du littoral.

Quant à Piombino, il fut rendu au prince d'Appiano, son ancien seigneur. L'année suivante, il s'empara de Castiglione della Pescaja et de l'ile de Giglio, qui appartenaient au duc d'Amalfi. Enfin, le traité de Cateau-Cambrésis (1559) confirma toutes ses possessions, et lui attribua tout l'Etat de Sienne ainsi que Montalcino et ses dépendances, restés aux Français après la capitulation (1).

Le voisinage et l'importance de la Corse, le mécontentement que les Génois y excitaient, les révoltes continuelles dont elle était le théâtre avaient de bonne heure fixé l'attention de Cosme. Il s'était fait dans l'ile des amis nombreux qui, par le moyen d'agents placés à Livourne, le tenaient au courant de ce qui s'y passait. Les Corses qui traversaient ses Etats ou qui s'y réfugiaient, par suite des persécutions des Génois, recevaient de lui le meilleur accueil; plusieurs se trouvaient à son service: d'autres avec leurs familles s'étaient établis sur ses terres des Maremmes.

Son père, Jean de Médicis, les avait aussi traités avec faveur; il les regardait comme des soldats braves et infatigables (2), et il en avait pris un grand nombre dans son armée. Quelques-uns s'y étaient distingués. Sampiero lui devait sa fortune militaire, et, quoiqu'il fût plus tard passé au service

---

(1) RIGUCCIO GALLUZZI. *Storia del Gran Ducato di Toscana*.

(2) Laquelle nation certes a renom des plus courageuses et braves d'Italie. (BRANTÔME).

de la France, il n'avait jamais voulu, en souvenir des bienfaits reçus, porter les armes contre la Maison des Médicis.

Cini (1) raconte de Sampiero un trait qui n'a pas été assez relevé, et qui prouve combien la mémoire de Jean de Médicis lui restait chère.

Lorsqu'en 1533, Catherine de Médicis vint à Marseille, pour se marier au duc d'Orléans, depuis Henri II, Marie Salviati, la mère de Cosme, fut choise pour accompagner la jeune princesse. Elle y trouva Sampiero, qui après la mort de Jean de Médicis et le licenciement des Bandes noires, avait pris du service en France. François Ier la reçut avec de grands égards, et, comme son mari, mort pauvre, par suite de ses libéralités envers ses soldats, n'avait pas été entièrement payé des sommes qu'il avait dépensées, dans les guerres passées, pour le service de la France, elle pria le roi de les rembourser à son fils. Sampiero insista auprès de François Ier et lui recommanda si vivement ce jeune prince, alors âgé de quatorze ans, que le Roi promit à Marie Salviati, de payer tout l'arriéré des soldes, à la condition qu'elle lui enverrait son fils à la Cour, se proposant de reconstituer les vieilles troupes de son mari, de mettre Cosme à leur tête et de lui accorder un rang et des honneurs distingués. Marie Salviati ne pouvait refuser de telles marques de bienveillance. Mais ce projet n'eut aucune suite. Arrivée à Florence, elle ne put se résoudre à se séparer de ce fils unique. Elle le savait entouré d'ennemis, et déjà la nouvelle des propositions du roi avait redoublé leurs défiances et leur haine.

L'expédition du comte de Thermes, en 1553, avait, on le comprend, fortement alarmé le Duc.

Il lui importait pour la sûreté de ses Etats que la Corse ne

-----

(1) Cini. *Vita del Serenissimo Signor Cosimo de' Medici*. Firenze, 1611, liv. I, p. 16.

fût pas occupée par une puissance ennemie : aussi, craignant que, si les Génois étaient chassés de l'Ile, les côtes de la Toscane ne restassent exposées aux entreprises des Français et aux dévastations des Turcs, s'était-il empressé, quel que fût l'intérêt qu'il portait aux Corses, d'envoyer contre eux, dès le début de la guerre, à André Doria, occupé au siège de St-Florent, quatre galères, deux cents chevaux et deux mille cinq cents soldats, sous les ordres de Chiappino Vitelli, officier déjà renommé, qui devint par la suite un des hommes de guerre les plus distingués de son temps. Ce secours, en réalité, n'avait guère profité aux Génois. Les troupes de Cosme s'étant bientôt mises en rapport avec les assiégés, laissèrent, pendant la nuit, entrer des vivres et des renforts dans la place. Doria feignit de ne point s'apercevoir de cette trahison, mais, avant la fin du siège, il renvoya en Toscane une partie des soldats du Duc (1).

Ce siège de St-Florent fut l'événement le plus important de la guerre. Les Génois y employèrent des forces considérables : dix mille hommes y périrent par le feu des assiégés ou succombèrent par le froid et les maladies, et ils n'auraient pas réussi à emporter la place, sans un secours de trois mille soldats amenés par Spinola, suivi d'un renfort de trois mille Espagnols et sans l'arrivée du comte de Lodron avec un millier d'Allemands. St-Florent était défendu par deux mille

---

(1) « Nel quartiero de'soldati Toscani a cui per essere accampati presso allo stagno e al palude toccava la guardia di questa parte, erano alcuni che per l'antica domestichezza che con l'Orsino e con altri di dentro avevano, fingendo di non vedergli davano a paesani la commodità del tragettare e in quella notte appunto erano stati in sentinella apposti. E quantunque il Doria, scoperto tardi il tradimento, s'avedesse della poca fedeltà loro, non volle per degni rispetti mancare di disinfingere il tutto..... E per che di molti del quartiero Toscano hebbe sospetta la fede, però per migliore accommiatollo e rimandolloni in Terra ferma alle loro contrade. » — MERELLO. *Della guerra fatta da Francesi*. Genova, 1607.

Français et Italiens commandés par Orsini et par les Corses de Bernardin d'Ornano. Investis de tous côtés, ils durent capituler et subir les conditions des Génois.

Doria, furieux d'avoir perdu tant de monde, voulut d'abord que la place se rendît à merci; mais il finit par permettre aux compagnies françaises et italiennes de sortir sans tambour, avec armes et drapeaux déployés, et de s'embarquer avec leurs bagages pour Antibes, à condition de ne point servir pendant huit mois contre le Duc de Florence. Quant aux Corses, considérés comme rebelles, ils furent exclus de la capitulation. Doria les voulut à sa discrétion (1).

Cependant Cosme ne cessait de suivre avec attention les événements de cette guerre, qui durait déjà, depuis quelques années, si près de ses Etats, et son esprit très prompt avait saisi la situation et le parti qu'il pouvait tirer des troubles qui agitaient la Corse et de l'horreur que les Génois y inspiraient. Les secours qu'il avait envoyés aux Génois n'avaient point altéré ses bonnes relations avec les Corses : ceux-ci avaient vite compris dans quel intérêt et sous l'empire de quelles nécessités il avait été contraint d'agir, et ils lui continuaient le même attachement. Son ambition s'était éveillée : elle lui faisait entrevoir la possibilité d'intervenir un jour dans les affaires de l'île, d'y mettre le pied et d'en devenir peut-être le maître. Les événements d'ailleurs paraissaient seconder ses desseins. Depuis quelque temps, les Génois continuellement battus ne conservaient plus que les deux places de Calvi et de Bastia : les Français étaient sur le point de s'emparer de la Corse. C'était là, assurément, un danger pour l'Espagne et la Toscane, et le Duc espérait que Philippe, dans l'intérêt com-

---

(1) Voir à l'appendice II, n° 1, les passages de Guillaume Paradin, de Brantôme et de Thou sur le fait d'armes de Bernardin d'Ornano et des soldats corses, rapporté inexactement par Filippini.

mun, confierait l'Ile à sa garde, plutôt que de la laisser
tomber aux mains des Français. Mais il ne se dissimulait pas
les difficultés qu'il avait à vaincre. Il savait combien le Roi
était défiant, combien peu disposé à agrandir les princes ses
alliés ou ses vassaux, et il se rappelait avec quelles difficultés
il avait obtenu de lui l'Etat de Sienne, qui déjà avait si sen-
siblement accru la Maison de Médicis. D'un autre côté, les
Génois étaient, depuis longtemps, les fidèles alliés de l'Espagne. C'était Gênes qui fournissait le plus souvent aux Espagnols les capitaux dont ils avaient besoin pour soutenir leurs
guerres; ses flottes, en grande partie, avaient contribué aux
expéditions qu'ils avaient faites pour empêcher les Turcs de
dominer dans la Méditerranée; Philippe avait, en outre, toujours reconnu les prétentions des Génois sur la Corse, et
ceux-ci les soutenaient depuis des siècles, au prix des plus
grands sacrifices (1). Mener à bien une pareille entreprise
n'était donc pas chose facile. Mais Cosme avait les qualités
supérieures de l'homme d'Etat; il savait attendre, et il attendait patiemment que la fortune lui offrît l'occasion de mettre
à exécution son projet.

Ce moment lui parut arrivé vers la fin de l'année 1558. A
cette date, après six années d'une lutte acharnée, les Français, aidés par les Corses, étaient devenus maîtres de l'Ile,
à l'exception de Calvi et de Bastia, menacée d'être bloquée,
qui tenaient encore pour les Génois. Déjà le fort d'Ischia,
près de Bastia, avait été pris (15 décembre 1558). A cette
nouvelle, Cosme manifesta les plus vives alarmes. Il écrivit
à Minerbetti, évêque d'Arezzo, son ambassadeur à Madrid,
et, exagérant à dessein la mauvaise situation des Génois en
Corse et en Italie, il le chargea dans un longue dépêche de

_____

(1) « Era volgar detto per antico infra Liguri, che gli Corsi erano nati
per non posar mai et per isturbare a tutti i tempi la tranquillità de'Genovesi. » (MERELLO).

représenter à Philippe, qu'il lui importait de prendre Bastia sous sa protection, s'offrant, s'il ne convenait pas au roi d'accepter cette charge, de recevoir lui-même cette ville en garde, pourvu qu'elle ne tombât pas au pouvoir des Français, leur commun ennemi.

C'était toujours la raison qu'il invoquait, celle qu'il avait fait valoir auprès de Charles V et de Philippe II, quand il s'était fait accorder Piombino et plus tard l'Etat de Sienne.

« Livourne, 18 décembre 1558.

» Les Français, dans ces derniers jours, ont transporté sur dix galères et débarqué six canons à l'étang de Bastia, en Corse, et ils ont attaqué et pris le fort d'Ischia. Bastia aujourd'hui ne peut en aucune manière être ravitaillée que par mer, car les Génois ne possèdent plus de l'autre côté un pouce de terrain, et jusqu'à présent sont dépourvus de tout. On pense généralement qu'on perdra Bastia, ou bien que les Génois se résoudront à l'abandonner. Ils le disent eux-mêmes, et leur manière d'agir le prouve clairement. Nous sommes vraiment très surpris qu'ils soient réduits à rendre ou à abandonner si malheureusement cette place dont la perte, de l'avis de tous, entraînera également, en peu de temps, celle de Calvi. En conséquence, et avant que ceci arrive, il m'a paru opportun de prendre les mesures suivantes. — Nous avons écrit, à Gênes, à l'abbé de Negro, afin qu'il s'entretienne de ces événements avec le Prince (1) et avec Adam Centurione, qu'il leur dise de notre part de vouloir bien considérer à quelle extrémité serait réduite la ville de Gênes, si elle perdait la Corse, car une fois Bastia perdue, elle perdrait

_____

(1) André Doria,

aussi peu de temps après Calvi, — et qu'il leur fasse comprendre qu'avant d'arriver à cette extrémité, au cas où les Génois ne voudraient ou ne pourraient défendre Bastia, ils la confient tout au moins à la garde de Sa Majesté Catholique, parce qu'il vaut mieux qu'elle soit aux mains de S. M. qu'au pouvoir des Français, et parce que je crains que les Génois ne perdent tout à coup la ville ou qu'ils ne se décident à agir comme ils ont fait à St-Florent. S'ils abandonnaient Bastia, ou s'ils en démolissaient les fortifications, les Français les relèveraient aussitôt. J'ai dit encore au Prince et à Centurione que, si le Roi ne voulait pas d'une telle charge, nous prendrions nous-même Bastia en garde, pourvu qu'elle ne tombât pas au pouvoir des Français. Nous leur avons tenu ce langage et nous leur avons fait la proposition de donner la ville en garde au Roi, afin que les Génois, qui ont complètement perdu la raison, et qui conduisent leurs affaires d'une si étrange manière — *essendo un monte di bestie e governandosi stravagantemente* — ne prennent pas ombrage. En un mot, nous leur avons fait cette proposition pour que S. M. fasse comme elle l'entendra ; mais ma sollicitude s'étend plus loin. Les dispositions des Génois sont aujourd'hui plus mauvaises que jamais. Il y a dissentiment entre le Prince et la République ; que S. M. me croie, c'est la vérité, et de plusieurs manières j'ai voulu m'en assurer. Si l'on perd Bastia, on perdra Calvi ; si l'on perd Calvi, le roi de France est maître de la Corse, et les Génois un jour deviendront Français. Cela arrivera presque nécessairement, si la paix ne s'ensuit pas. Le but que je poursuis est donc d'éloigner de Sa Majesté et de moi qui suis le plus rapproché, les malheurs qui nous menacent, parce que personne, en vérité, n'est plus intéressé que nous deux, moi, à cause de mon voisinage avec la Corse, Sa Majesté, à cause des avantages qu'elle pourrait en retirer. C'est pour cela, que j'ai voulu vous informer de tout ce qui se passe, parce que je prévois ce désastre, et je voudrais l'éviter, autant dans l'intérêt de Sa Majesté que dans le mien (1), »

Philippe n'écouta ni les avis ni les conseils de Cosme. Non seulement il n'accepta pas ses propositions, mais il s'empressa d'envoyer à Gênes Jean-André Doria, pour engager les habitants à la concorde, et leur donner l'assurance formelle qu'avec la paix qui allait être signée, la République conserverait la Corse. Quelques mois après, en effet, la France et l'Espagne conclurent le traité de Cateau-Cambrésis (3 avril 1559) qui confirma les droits des Génois sur l'île (2).

Un cri d'indignation et de douleur s'éleva en Corse à la nouvelle de ce malheureux traité. « Les Corses, dit Filippini, qui avaient déjà embrassé le parti Français, furent extrêmement mécontents de cette restitution ; il leur paraissait que tant de promesses qui leur avaient été faites par le roi Henri avaient été suivies de bien peu de résultats, puisque, après les avoir armés contre leurs anciens maîtres, il les abandonnait maintenant en les trompant de cette manière..... et il fut dit, à cette époque, (je ne sais si cela est vrai ou non) que, ne pouvant supporter leur douleur, ils avaient résolu de mourir en se jetant les armes à la main sur les Français. Les Commissaires Génois en avaient été informés, et, craignant aussi quelque révolte subite, ils eurent soin, dans la soirée, d'aug-

---

(1) Voir à l'appendice premier, Lettres de Cosme à Minerbetti, n° 1.

(2) « Le roi très-chrétien recevra les Génois en sa bonne grâce et amitié, oubliant toutes causes de ressentiment qu'il pourrait avoir à l'encontre d'eux, et en cette considération leur restituera toutes les places que présentement ils tiennent en l'Isle de Corsique, à la charge aussi que les dits Génois ne pourront directement ni indirectement user de quelque ressentiment à l'encontre de leurs dits sujets soit de la dite Ile de Corsique ou autres, à l'occasion des services que comme qu'il soit ils peuvent avoir fait au dit Seigneur Très-Chrétien, ou à ceux de son côté, dans cette guerre. »

menter la garde à la porte de la ville, (Ajaccio) de doubler toutes les sentinelles et de renforcer le Corps de Garde (1). »

Les plaintes des Corses ne pouvaient arrêter les conséquences de ce traité qui soulevait, dans ce même temps, en France, de la part des hommes de guerre, tant de protestations dont Montluc et Brantôme se sont rendus les interprètes indignés. Tentant un dernier effort ils envoyèrent deux députés auprès du roi Henri, pour le supplier de leur continuer sa protection et ses secours. Ces démarches furent inutiles. La clause de restitution était irrévocable. Le 9 septembre 1559, Orsini et les troupes françaises quittèrent définitivement la Corse qui restait livrée aux représailles des Génois.

Sampiero seul ne désespéra pas de sa patrie. Au premier bruit de la paix, il avait quitté l'Ile et s'était rendu auprès de Catherine de Médicis, puis auprès du roi de Navarre, implorant leur appui pour recommencer la guerre. La reine et Antoine de Navarre, liés par le traité, et ne pouvant, malgré leur bonne volonté, lui fournir aucun secours, le recommandèrent au Dey d'Alger, et au sultan. Sampiero partit pour Alger, de là pour Constantinople, mais il n'en put rien tirer. Pendant qu'il s'adressait ainsi, mais inutilement, à tous ces princes, il n'oubliait pas Cosme de Médicis, son protecteur et son ami, qui, de tout temps, s'était montré si favorable aux Corses. C'était sur lui que Sampiero comptait le plus pour venir en aide à son pays. Aussi, dès le commencement de 1561, le trouvons-nous en rapport avec le Duc, par le moyen du comte Jérôme, de Fiesque, et surtout d'Aurèle Fregose, tous deux bannis de Gênes et ses implacables ennemis. Ce dernier, qui s'était établi en Toscane, où il vivait en grande faveur auprès de Cosme, et que nous verrons par la suite mêlé à toutes les pratiques et aux négociations dirigées contre

---

(1) FILIPPINI, Tome IV, Livre X.

Gênes, était un ancien compagnon d'armes de Sampiero, toujours prêt à favoriser ses desseins. Il ne négligea rien pour
disposer Cosme à les seconder, en lui promettant même que
l'entreprise se ferait pour son propre compte, et que de cette
manière il lui serait facile d'ajouter à ses Etats un pays aussi
important que la Corse (1).

Le recueil de M. de Caraffa pour cette période ne contient
que deux réponses de Cosme. Elles ne se rapportent pas directement à l'entreprise de Corse, ni aux offres de Sampiero.
Il n'était pas prudent, on le comprend, de traiter une affaire
de cette importance et si secrète dans des lettres qui pouvaient tomber dans les mains des Génois ou de Philippe, mais
il est permis de croire que des agents sûrs et des amis com-
muns entretenaient entre Cosme et Sampiero des relations
suivies.

Adriani, dans l'histoire de son temps, donne même à cet
égard des indications précises. Il rapporte qu'à cette époque,
c'est-à-dire vers la fin de 1562, Sampiero envoya deux fois des
agents secrets au Duc pour le prier de lui accorder son appui
dans l'entreprise qu'il voulait tenter en Corse, lui promettant
que sans beaucoup de peine et de dépenses, il le rendrait
maître du pays disposé tout entier à l'acclamer (2).

Quoiqu'il en soit, les réponses du Duc, malgré la réserve

---

(1) « Non tralasciò il Fregoso ogni arte per disporre Cosmo a secondare
i disegni di Sampiero, promettendogli che l'impresa si farebbe per conto
suo e che facilmente poteva aggiungere al suo dominio un Regno. » —
Philippe Casoni. *Annali della Repubblica di Genova del secolo decimo sesto*.
T. III, L. VI, page 156.

(2) « Mandò egli ben due volte segretamente al Duca di Firenze pregan-
dolo a dover favorire a quel disegno, promettendo con poco travaglio e
spesa di porgli quell'isola in man dicendo che tutta quella nazione non de-
siderava cosa alcuna al più. » — Adriani. *Istoria de'suoi tempi*. L. 17,
chapitre V.

qu'il y apportait, suffisent pour montrer sa vive affection à l'égard d'un si fidèle serviteur et pour les Corses, et pour faire voir combien ses bonnes dispositions leur étaient assurées.

Cosme à Sampiero

« Livourne, 19 avril 1561.

» J'ai toujours gardé et je garde bonne mémoire de tous ceux qui ont servi ma maison ; aussi, Votre Seigneurie peut être assurée que je l'aime et l'estime comme un des plus chers et honorés gentilshommes qui aient été au service de mes prédécesseurs, et que pour cela il me serait agréable, en toute occasion, de lui faire plaisir et de lui être utile, de même aussi que par inclination et par amitié pour Votre Seigneurie je viendrai toujours en aide à tous les hommes de votre pays.

» J'ai eu un grand plaisir de recevoir le lion que V. S. m'a envoyé ; je l'en remercie de tout cœur ; je la remercie surtout des offres qu'elle m'a faites pour l'avenir, desquelles je ferai un grand cas (1). » (V. *Append.* 2.)

Cosme au colonel Sampiero à Marseille

« Livourne, 30 octobre 1561.

» J'ai reçu et accepté avec d'autant plus de plaisir le lion que votre Seigneurie m'a envoyé, qu'il me vient d'un ami sin-

---

(1) « In Firenze, ai tempi della Repubblica, si nutrivan leoni a spesa del commune e se ne teneva gran cura, in onore del Marzocco (leoni di pietra sul canto di Palagio), una delle imprese della città. Il popolo credeva a molte superstizioni dal fatto de' leoni. » — MASSIMO D'AZEGLIO. *Niccolò de' Lapi.*

cère et affectionné que je connais pour l'avoir mis à l'épreuve
tant de fois, et par les expressions de sa lettre du 7 qui sortent
du fond du cœur. Je le remercie beaucoup du cadeau qu'elle
m'a fait, comme aussi des avis affectueux qu'Elle me donne,
l'assurant que j'en conserverai le souvenir reconnaissant et
qu'Elle s'en apercevra si jamais j'ai l'occasoin de pouvoir le lui
témoigner. Je suis désolé que ma lettre lui soit arrivée si tard et
lui ait été ensuite remise ouverte. Je ne puis comprendre d'où
peut venir ce contre-temps, mais je sais que je l'ai envoyée avec
toute la promptitude et la bonne volonté que l'on pouvait dé-
sirer, comme je le ferai toujours, quand je penserai pouvoir
lui faire honneur et lui procurer un avantage quelconque. »
(V. *Append.* 3.)

Pendant ce temps, les Génois toujours en éveil étaient au
courant des manèges qui se pratiquaient. En même temps
qu'ils surveillaient Sampiero, ils observaient le Duc. C'était
pour eux un voisin inquiétant et dangereux. Ils connaissaient
son ambition, les sympathies nombreuses qu'il s'était créées
en Corse, ses projets sur l'Ile, et ils ne pouvaient avoir oublié
l'intention qu'il avait manifestée, quelques années auparavant, quand il réclamait à Philippe la garde de Bastia. Il
fallait donc que le Duc dissimulât avec soin ses rapports avec
Sampiero, et qu'il dissipât surtout les défiances d'un Roi
auprès duquel il se savait desservi. Aussi, lorsqu'en 1563
Sampiero se rendit dans le Levant pour demander des secours
aux Turcs, crut-il prudent, pour se mettre à l'abri de tout
soupçon, d'en informer la Seigneurie de Gênes et la Cour
d'Espagne.

Cosme à l'abbé de Negro

« Pise, 8 janvier 1563.

» Nous sommes informés, par lettre de notre gouverneur
du Levant, que le colonel Sampiero Corso y était arrivé avec

douze capitaines de son Ile, et comme nous pouvons penser
que les intentions de cet homme ne tendent qu'à quelque
funeste projet, il nous a paru convenable de vous le faire
savoir, afin que vous en donniez connaissance de notre part à
l'Illustrissime Seigneurie. » (V. *Append.* 4.)

Cosme à l'Evêque d'Arezzo

« Pise, 8 janvier 1563.

» Vous montrerez à Sa Majesté Catholique la copie ci-
jointe de la lettre de notre Gouverneur du Levant, en lui faisant connaître que le colonel Sampiero y est arrivé ; que c'est
un homme de valeur et d'importance, et qu'avec l'autorité
qu'il a dans l'Ile, sa patrie, en grande partie aujourd'hui
exaspérée, il pourrait, avec l'aide des Turcs, et suscité par
quelque autre puissance, tenter quelque chose qui porterait
ensuite préjudice aux intérêts de S. M. C. soit en Corse, soit
à Gênes. Ces sortes de soulèvements entraînent toujours derrière eux des tumultes et des désordres. Nous l'avons une
autre fois fait comprendre à S. M. C., et aujourd'hui plus
que jamais, vous rappellerez à S. M. qu'il est nécessaire
d'avoir l'œil ouvert et d'y apporter les soins les plus prompts,
parce que les esprits sont mal disposés. Nous connaissons la
pensée (*il cervello*) de cet homme, et nous savons combien il
est audacieux et exaspéré en ce moment. Vous vous entre-
tiendrez longuement de cette affaire avec S. M. C. afin que
notre devoir soit ainsi rempli une dernière fois et que nous
n'ayons rien à regretter. » (V. *Append.* 5.)

CHAPITRE II

12 JUIN 1564 - 30 SEPTEMBRE 1564.

Tout à coup, Sampiero, accompagné de quelques-uns de ses capitaines, se jette sur les côtes de la Corse avec une poignée de soldats, et, le 12 juin 1564, il débarque dans le golfe de Valinco. Le jour même, il écrit au Duc de Florence (1). Mais dès le 16, avant même de recevoir la lettre de Sampiero, Cosme avait appris son arrivée par ses agents de Livourne, et, le 18, il en avait informé la Cour de Madrid. La lettre du Duc n'est qu'une lettre d'avis. Il lui convenait de se donner le temps de la réflexion, et de voir quelle était la tournure que prenaient les événements. Aussi, pour ne pas éveiller les soupçons de Philippe, se garde-t-il de laisser percer le moindre désir d'intervenir en Corse, et surtout de lui renouveler la demande qu'il lui avait faite quelques années auparavant. Il se borne à lui annoncer l'arrivée de Sampiero, à exagérer ses forces, et à lui représenter que celui-ci agissait de concert avec les Turcs, qui s'établiront, dit-il, dans l'Ile, avec plus de force et d'habileté que ne l'avaient fait les Français. En même temps, pour endormir les défiances de la Seigneurie de Gênes qui n'avait pas tardé à l'informer de

---

(1) M. de Caraffa n'a pas trouvé cette lettre dans les archives de Florence.

la nouvelle révolte des Corses, il fait écrire par le Prince, son fils, qu'il se félicitait des mesures qu'Elle avait prises pour châtier les rebelles, ajoutant qu'il ne pouvait croire que les Corses trouveraient le moindre appui de la part des princes de la Chrétienté.

Cosme à Philippe

« 18 juin 1564.

» Bien que j'aie confié (1) le soin du gouvernement au Prince, mon fils, ainsi que je l'ai mandé à Votre Majesté, cependant je ne laisserai jamais échapper aucune occasion de la servir. Elle sait que je lui ai déjà respectueusement rappelé plusieurs fois quelles étaient les dispositions des Corses et quel danger menaçait Votre Majesté, par suite du mécontentement de ce peuple et de la grande influence du colonel Sampiero. Et, comme je voyais qu'on n'apportait aucun remède à la situation, je me taisais pour ne pas paraître importun, quoique je fusse toujours persuadé que le mal devait éclater un jour, et que le voyage de Sampiero dans le Levant ne s'était point effectué par hasard, mais avec intention. Maintenant, par trois frégates arrivées à Livourne, je suis informé qu'après le départ de don Garcia, de la Corse pour la Sardaigne, Sampiero s'est présenté avec 75 vaisseaux de Corsaires, qu'il fournit des armes à ses partisans, pour soulever et faire révolter l'Ile contre les Génois, et pour s'en em-

---

(1) C'était le 11 juin que le Duc avait cédé le gouvernement au Prince don François, son fils.

« Havendo il Duca il pensiero solamente delle cose esterne per se riservate, delle quali non di manco voleva che il Principe avesse sempre participazione e circa esse sempre per tentarne la suffisiensia procurava d'intendere il suo parere. » — CINI. Firenze, 1611.

parer avec ces canailles de Turcs, qui s'y établiront avec plus
de force et d'habileté que ne le firent les Français, à cause
de l'importance du pays qui est des plus commodes pour
porter la dévastation dans les Etats de la Chrétienté, et surtout dans les Etats de Votre Majesté et de Ceux de ses amis.
Je n'ai appris cette nouvelle que ce matin, parce que je me
trouve loin de la marine d'où je suis parti, il y a quelques
jours, car autrement j'en aurais informé plus tôt Votre Majesté.

» Sachant maintenant ce qui se passe, V. M. pourra me
commander tout ce qu'elle jugera à propos dans l'intérêt de
son service. » (V. *Append.* 6.)

Le Prince don François
à la Seigneurie de Gênes

« Florence, 5 juillet 1564.

» Le récit que Vos Seigneuries Illustrissimes ont bien voulu
me faire par leur lettre du dernier jour du mois passé, m'a
procuré une grande satisfaction en me prouvant que ces soulèvements n'ont pas de gravité, comme le bruit s'en était
répandu, et en me faisant connaître que ce procédé de Vos
Seigneuries provient de la bonne volonté qu'Elles ont de
maintenir l'ancienne amitié et les bons rapports qui les unis-
saient au Duc, mon Seigneur. En conséquence, je ne puis
que remercier V. S., et me féliciter des ordres qu'elles
ont donnés et des mesures qu'elles ont prises pour arrêter
ce soulèvement et châtier les rebelles, ce qui aura
lieu assurément ; car je ne puis croire qu'ils trouvent le
moindre appui ni encouragement de la part des Princes
de la Chrétienté, ainsi qu'ils veulent le faire entendre, afin de
se faire valoir auprès des populations qui sont de leur nature

crédules. Et, parce que cette révolte me paraît être, comme on dit, un feu de paille, je ne crois pas devoir en dire davantage, mais je me recommande aux bonnes grâces de V. S., et je prie Dieu qu'elles aient prospérité et satisfaction. »

Tandis que Cosme et Don François, avec leur dissimulation accoutumée, en princes du XVI° siècle qui faisaient consister la science politique dans la ruse et le mensonge, traitaient les Corses de rebelles et se félicitaient des mesures que les Génois avaient prises pour les châtier, ils ne cessaient d'encourager secrètement leur révolte. Jamais leur correspondance avec les agents de Bastia, de Gênes, de Livourne, notamment avec le provéditeur Baroncelli, ne fut plus active. Dès le 16 juin, comme nous l'avons dit, ils avaient été informés par des barques du Cap-Corse de l'arrivée de Sampiero, et, depuis ce jour, ils se tenaient au courant du soulèvement de l'Ile, des armements des Génois, des secours que leur apportaient les Espagnols et surtout des progrès de Sampiero. Le lendemain même du jour où Don François apprend son débarquement, il charge Galeazzo Fregose de rechercher le capitaine Paris (1), un des plus fidèles amis de Sampiero, et de l'inviter à se rendre à Florence. Quelque réservée que soit la lettre du Prince, il apparaît clairement qu'il veut avertir Paris de l'arrivée de Sampiero en Corse, et lui procurer les moyens de le rejoindre.

« Tâchez, dit-il, de trouver le plus promptement possible ce Pâris, Corse, et faites-le venir immédiatement ici pour une affaire qui est d'importance et qui lui fera plaisir. Il serait à propos que vous arriviez avec lui, parce qu'il nous conviendrait de nous entretenir de vive voix avec l'un et avec l'autre

----

(1) Tombé aux mains des Génois, vers la fin de 1566, au moment où il se rendait en France pour demander des secours, Pâris, de Saint Florent, fut pendu aux vergues et son cadavre fut exposé au tir des arquebusiers. — V. FILIPPINI.

de quelque chose qui se passe près de nous. Mais il faut tenir
la chose secrète et n'annoncer votre arrivée ou celle de Pâris
à personne autre qu'à Concini qui vous ordonnera à tous deux
ce que vous avez à faire. » (V. *Append.* 8.)

Le 13 juillet, un Corse établi à Castagneto, Rinaldo del
Petricaio, écrivait au Duc : « Je n'ai rien autre chose de
nouveau à vous dire, si ce n'est que j'ai appris que Sampiero
Corso parcourt le pays, une croix rouge au cou, et qu'au delà
des monts le nombre des gens armés est considérable. Dans
le deçà des monts, c'est-à-dire dans la partie qui est la plus
rapprochée de nous, et qui est la plus importante, on ne s'est
pas encore soulevé. Un Corse qui demeure près de Bastia, et
qui dernièrement est arrivé avec sa barque à Piombino, me
l'a fait dire. Chacun cependant se sent soulagé. On ne sait
pas prendre une résolution, mais on voudrait voir, autant que
je m'imagine, quelqu'un qui eût plus de force que Sampiero.
C'est ce qu'il m'a fait comprendre par un de ses amis qu'il
m'a envoyé exprès. Je lui ai fait répondre que je le remer-
ciais de l'avis qu'il me donnait et que je ne savais que lui
dire, sinon que je regrettais les maux qu'ils supportaient. »
(V. *Append.* 9.)

Un autre de ses agents, un Génois établi à Bastia, lui faisait connaître, le même jour, dans tous ses détails, la victoire
que Sampiero venait de remporter sur les Génois, et la mauvaise situation de leurs affaires dans l'Ile. « Les choses ici
sont en mauvais état ; notre armée est en déroute, et l'Ile entière s'est révoltée. Nos troupes ayant appris que Sampiero se
trouvait, dimanche, à Rostino, partirent de Borgo et le sui-
virent jusque dans le pays de Caccia, où il s'était porté
par Ponte alla Leccia, et, aussitôt qu'on se fut approché,
mardi matin, de très-bonne heure, de la Petrera, on com-
mença l'escarmouche. Mais s'apercevant que Sampiero avait
une grande suite, les nôtres crurent que tous les coteaux et

toutes les broussailles étaient remplis de monde accouru en
sa faveur criant: *libertà! carne! carne!* et se voyant poussés
dans un lieu très difficile où la cavalerie ne pouvait guère
donner, ils prirent le parti de battre en retraite, après avoir
d'abord fait beaucoup de mal à l'ennemi et mis presque en
fuite Sampiero en personne.

» Dans la retraite, les gens du pays leur tombèrent sur le
dos, de tous côtés et en si grand nombre, qu'ils se mirent en
fuite et en déroute et perdirent un très grand nombre de soldats et de chevaux. Les capitaines Pierre-André de Casta,
Paul-Emile Mambilla, Pierre-Baptiste Fiesque et Marc-An-
toine de Bastia, ainsi que le Seigneur Alphonse d'Erbalunga
et plusieurs autres officiers ont été faits prisonniers. Parmi les
personnes de qualité ont péri, Nicolò de Negro, trois ou quatre
enseignes et le fils du Seigneur de Canari. Cette défaite a eu
des conséquences très graves, non tant à cause de la perte de
ces bons soldats, que parce que l'ennemi, avec le butin qu'il
a fait, a trouvé le moyen d'armer complètement au moins un
millier d'hommes qui, auparavant, étaient presque sans
armes. Elle a enhardi les Corses, dont la plus grande partie
hésitaient encore à se soulever en masse, et fait courir à
Bastia, qui n'a pas de quoi manger, le risque d'être assiégée.
L'infanterie se composait de cinq compagnies, soit de six cents
hommes et de cinq cents Corses, avec plus de cent chevaux,
gens propres à tout service; et l'on ne pouvait voir une armée
plus belle et qui fût en meilleur ordre. Tous ceux qui ont
échappé viennent se réfugier ici. Deux cents soldats des Compagnies Italiennes sont déjà arrivés, quoiqu'il y en ait beau-
cupo de blessés, mais tous dépouillés et nus, maltraités par
les paysans et surtout par les femmes dont on raconte des
cruautés inouies. La cavalerie se trouve également en mauvais état. Cependant il restera soixante chevaux de service.
Sampiero est retourné dans le Rostino, où il se trouve encore,
d'après ce que l'on dit. On parle diversement de cette déroute;

les uns accusent les Génois d'avoir manqué d'un chef, ou pour mieux dire d'en avoir eu trop, parce que chaque capitaine voulait commander; les autres disent que les Corses qui étaient à notre service, ayant été gagnés, ne voulurent pas se battre, et qu'à dessein ils se mirent en fuite. La conclusion à tirer, c'est que les affaires vont mal, et si l'on n'envoie pas de Gênes de prompts et vigoureux secours, on ne peut vivre que dans l'épouvante (1). » (V. *Append.* 10.)

Baroncelli, de son côté, recevait l'ordre d'embarquer secrètement pour leur pays les Corses qui se trouvant en Italie arrivaient à Livourne disposés à rejoindre Sampiero.

« Le porteur de cette lettre, lui mandait, le 30 juillet, le Prince, du Couvent des Camaldules, est le capitaine François, corse, qui veut passer en Corse, comme il vous le dira. Nous apprendrons avec plaisir que vous l'avez bien accueilli. Si vous avez une de nos frégates, vous la ferez armer pour notre compte de quelque manière que ce soit, et vous ordonnerez au capitaine de prendre la route qu'il lui indiquera. S'il n'y en avait aucune, faites en sorte, avec votre promptitude ordinaire, et de toute façon, de lui en armer une autre, et moins vous répandrez notre nom, et plus nous en serons satisfait: — *e quanto meno monstrerete che sia ordine nostro e meno spenderete il nostro nome, tanto maggiore satisfazione ne sentiremo.* » (V. *Append.* 11.)

Et Baroncelli de lui répondre, le 7 août: « La personne qui devait rentrer dans son pays a été expédiée avec toute la promptitude et toute la discrétion possibles. On lui a armé une de nos frégates, bien calfeutrée, avec seize matelots, moitié Corses, moitié de l'Ile d'Elbe. Il s'en est contenté. Par

---

(1) Voir dans Filippini, Volume V. page 57, le récit de ce combat de la Petrera.

suite du mauvais temps, il s'est reposé chez nous jusqu'à ce jour. » (V. *Append.* 7.)

Dans ces mêmes jours entre en scène un personnage nouveau, le Piévan de Casta. Il avait suivi les Français dans la dernière guerre, et il en avait obtenu des bénéfices ecclésiastiques considérables. Après le traité de Cateau-Cambrésis, poursuivi par les Génois, dépouillé de ses biens, il s'était réfugié dans les Etats de Cosme qui l'avait secouru et établi à Piombino, d'où il ne cessait d'entretenir des relations avec la Corse. La lettre que le Piévan de Casta lui écrivit à cette date, a de l'importance ; elle révèle la situation des esprits dans l'île, le mouvement d'opinion qui s'y était manifesté, dès l'arrivée de Sampiero, et les vives sympathies des Corses envers le Duc. Or, une situation pareille n'avait pu se produire d'une manière si générale que parce qu'elle était préparée de longue main, et le Piévan n'aurait pas annoncé à Cosme que les Corses réunis en assemblée générale se préparaient à lui offrir la souveraineté, s'il n'avait pas été au courant de ses projets, de ses espérances et de ses ardents désirs. Et ici, quand jetant un regard en arrière, nous considérons avec quelle faveur, depuis son élection à Florence, le Duc avait toujours traité les Corses, combien il en avait accueilli dans ses Etats et mis à l'abri des persécutions des Génois, ses étroites relations avec Sampiero, la proposition qui lui avait été faite par Aurèle Fregose, les manèges qu'il entretenait dans l'île, la demande qu'il avait adressée, quelques années avant, au roi Philippe, de prendre Bastia sous sa garde ; quand nous le voyons, aux premiers jours de cette révolte, la favoriser, recruter des partisans à Sampiero, lui envoyer secrètement des armes, des munitions, et suivre, jour par jour, sa marche et ses progrès, la lettre du Piévan s'explique et la nouvelle qu'il annonce à Florence ne saurait surprendre.

Le Piévan de Casta au Duc

« Piombino, le 31 juillet 1564.

» J'ai fait passer, il y a quelque temps, une autre lettre à
V. E. par le moyen du sieur Aurèle Fregose auquel j'écris
longuement, et qui vous informera de tout ce qui s'est passé.
Mais depuis que j'ai écrit à V. E., il est arrivé ici, à Piombino, deux de mes compatriotes qui m'engagent à mander à
V. E. les mêmes nouvelles que je transmets au sieur Aurèle.
Ces hommes, qui m'en disent plus que je n'avais écrit à Fregose, m'annoncent qu'au premier août, Sampiero et tous les
Corses se réuniront en assemblée secrète, qu'il leur propo-
sera, puisque notre pays est considéré comme un royaume,
d'élire le Roi qu'ils préféreront, et que tous à l'unanimité
s'écrieront qu'ils ne veulent d'autre roi que Votre Excellence. Je crois devoir en informer V. E. parce que mon plus
grand plaisir au monde est de voir ce projet se réaliser, et
c'est pour cela que je charge mon neveu d'apporter cet avis et
ce renseignement. Je suis gardé ici, à Piombino, par une
galère et quatre frégates génoises. J'y resterai aux ordres de
V. E., et je ferai tout ce qu'elle me prescrira. Je lui demande
très humblement, je la supplie et la prie avec instance de
vouloir bien me pourvoir de quelque secours. Je la prie aussi,
comme mon unique Maître et Seigneur, de vouloir bien
prendre à son service Joseph, mon neveu, et de faire connaître ici, dans tout le pays, que je suis dans les bonnes
grâces de V. E. Elle s'en trouvera bien servie, et ma conduite
de tous les jours le prouvera. Sur ce, je lui baise ses blan-
ches mains, et je prie Dieu un nombre infini de fois qu'il me
donne la grâce de voir V. E. dans l'état où je la désire. »
(V. *Append.* 13.)

Le 18 du mois d'août, le Prince écrivait encore de Vallombreuse à Ugolini, son capitaine de port à Livourne : « Nous avons reçu avec plaisir les avis que vous nous avez envoyés par votre lettre du 14 au sujet de la Corse. Continuez à nous tenir exactement informé de tout ce qui se passe et de tout ce que vous entendez, parce que nous aimons à avoir des nouvelles de toute chose. » (V. *Append.* 14.)

Et le 17 septembre, de Poggio al Cajano à Baroncelli : « Jean Caccini vous remettra une quantité de munitions. Fixez avec lui le jour et envoyez une grosse barque ou une petite frégate pour les prendre à Foce d'Arno, d'où nous lui avons donné l'ordre de les tirer. Quant à vous, vous les expédierez sans retard à la tour neuve de Campiglia, à l'adresse du commandant, avec ordre de les remettre à celui qui viendra les chercher avec une lettre du Seigneur Fregose, et, moins vous ferez du bruit pour cette affaire, et plus nous serons satisfait (1). » (V. *App.* 15.)

Toutes ces pratiques n'avaient pas échappé aux Génois qui ne se laissaient point tromper par la politique à double face du Duc, et qui, redoublant de vigilance, venaient de découvrir que le Prince avait envoyé des armes et des munitions en Corse. Ils s'en plaignirent vivement. Cosme ne se déconcerta pas pour si peu : il fit adresser par son fils à la Seigneurie des explications qui ne sont d'un bout à l'autre que des mensonges et qui révèlent bien cette politique astucieuse d'un siècle où l'on ne se faisait guère faute d'employer dans les relations diplomatiques la duplicité et la trahison. C'était à Laurent de Médicis qu'avait été dédié *Le Prince*, et ses descendants pensaient comme Machiavel « qu'il n'arrive de

_____

(1) Ces munitions consistaient en vingt barils de poudre et en une grande quantité de plomb. Sampiero les reçut au commencement du mois de Novembre. Elles furent débarquées à Aleria par un de ses émissaires, Commodo, de Calvi, qu'il avait envoyé à Cosme aussitôt après son arrivée en Corse. — FILIPPINI. Tome V, page 127,

faire de grandes choses qu'aux princes qui font peu de cas de leur parole, et qui savent adroitement tromper les autres et vaincre ceux qui se fient à leur loyauté. »

Le Prince don François
à la Seigneurie de Gênes.

« Florence, 20 août 1564.

» Comme nos ports sont libres, il n'est pas étonnant que quelque Corse se soit embarqué à Livourne. Nous ne pouvions pas le prévoir, puisque nous ne savions pas qu'ils étaient arrivés pour cela. Je suis bien surpris qu'on ait embarqué une si grande quantité d'armes, ainsi que Vos Seigneuries me l'écrivent. Il n'y a à Livourne aucun approvisionnement, et notre Gouverneur ne se serait pas permis de faire sortir une seule pièce. Cependant on verra ce qui s'est fait, et Vos Seigneuries, qui ont pu s'assurer par le passé des bonnes dispositions du Duc, mon Maître, comme aussi des miennes, reconnaîtront à l'avenir que ces bonnes dispositions se sont accrues plutôt qu'elles n'ont diminué, — *più presto che diminuite un dramma* — et je me recommande à leurs bonnes grâces. » (V. *Append.* 16.)

Et le même jour, à son agent à Gênes : « Les avis que vous nous donnez sur l'Espagne et sur la mer, et ce que vous nous dites en même temps de la Corse, nous ont fait le plus grand plaisir en nous apprenant surtout que les soulèvements de cette île s'en vont en fumée.» (V. *Append.* 17.)

Mais toutes ces pratiques, si habiles et si dissimulées qu'elles fussent, ne pouvaient servir de rien au Duc. Il savait qu'il n'avait aucune liberté d'action, que le centre de la politique européenne était à Madrid, et qu'il lui était impossible de réaliser les projets qu'il avait formés sur la Corse, s'il ne parvenait à vaincre les résistances de Philippe, et à obtenir son consentement et son appui.

Il lui écrivit, le 30 juillet, du couvent des Camaldules : — Dans sa lettre, qui est un chef-d'œuvre d'adresse et qui prouve que la science diplomatique, au seizième siècle, n'a guère été dépassée de nos jours, Cosme, avec des ménagements infinis, représenta au Roi que la République n'était pas en état de soumettre les Corses, qu'il était d'ailleurs impossible d'en venir à bout par la force, et qu'ils se donneraient non seulement au Turc, mais au Diable, plutôt que de rester sous sa domination ; qu'ils consentiraient cependant à se donner à l'Espagne, s'ils étaient sûrs que Sa Majesté Catholique ne les livrât pas de nouveau aux Génois ; mais que de toute manière et avant tout il fallait empêcher les Turcs de mettre le pied dans l'île. Cachant toute sa pensée, il se bornait à s'étendre longuement sur la très grande affection qu'ils lui témoignaient depuis longtemps, espérant qu'au milieu de ces difficultés et de ces embarras exagérés à dessein, Philippe se déciderait à prendre la Corse pour lui ou à la donner à un Prince qui lui était si dévoué, et qui comptait déjà dans l'Ile tant de partisans et d'amis.

Cosme au Roi Catholique

Du Couvent des Camaldules, 30 juillet 1564.

» Ainsi que je l'ai écrit, quand je me déterminai à laisser à mon fils, l'administration de mes Etats, je dis à Votre Majesté que s'il arrivait quelque chose qui pût l'intéresser, je m'empresserais de l'en informer, en la servant avec cette sincérité et cette fidélité que je lui ai montrées et que je lui montrerai toujours, et quoique je sois sûr que V. M. a déjà été informée de la révolte dirigée en Corse par Sampiero contre les Génois, ses Seigneurs, je crois cependant que cet événement lui aura été représenté tout autrement que ce qui pourra arriver. Les Génois, en effet, poussés par la passion et par leurs intérêts personnels, ne peuvent point, ainsi que V. M. le verra par la suite, connaître la vérité, aussi bien que ceux qui supportent par leurs fautes des frais, des dommages, ainsi que cela m'arrive en ce moment. S'il n'y avait danger que pour moi seul, cela ne serait pas un grand mal, mais je prétends qu'il y va de l'intérêt des Etats de V. M. et même de ceux de toute la Chrétienté, comme je l'expliquerai plus loin.

» Je me rappelle d'avoir fait connaître bien des fois à V. M. que la Seigneurie de Gênes se comportait fort mal vis-à-vis de ses sujets, dont la plus grande partie était réduite au désespoir, et cela, parce que les particuliers ne pensaient pas au bien public, mais songeaient à s'enrichir et usaient de toutes sortes de mauvais procédés. J'ai dit à V. M. que dans les Etats de cette Seigneurie, le peuple mourait de faim, et qu'au dehors les vassaux mal traités seraient réduits peu à peu au désespoir. Votre Majesté pourra se rendre compte de tout cela par mes lettres, si Elle se les fait représenter. Dernièrement, je lui ai écrit que les Corses se révolteraient, ce qui est arrivé, et je l'ai dit parce que, d'un commun accord, ils le disaient eux-mêmes à tout le monde. Cela s'est réalisé de la manière que V. M. connaît, et maintenant il faut qu'Elle se décide à prendre quelque résolution, parce que, ayant devant nous tout l'hiver, il ne faut pas attendre le printemps. Ce serait trop dangereux, parce que les Corses, comme des désespérés et des furieux, feraient assurément quelque sottise, ainsi que V. M. pourra le voir par la situation même et par ma lettre. En cet état, il est difficile certainement de prendre le bon parti vis-à-vis de ce peuple. J'ignore (V. M. pourra le savoir mieux que moi) si les Français ont ou n'ont pas la main dans ces pratiques, mais voir sortir Sampiero de Marseille (et il faut qu'il ait apporté de l'argent, car par lui-même il n'en a pas), cela ne me plaît point du tout, et je crains, comme l'on dit, qu'ils n'aient lancé la pierre et caché la main. Mais dans ce cas je préférerais qu'ils fussent d'intelligence avec les Corses, plutôt que de voir ceux-ci complètement exaspérés. Cette affaire ne me paraît comporter que deux solutions. Il faut avoir recours à la force ou aux négociations. Les seules forces des Génois ne sont pas suffisantes, parce que s'ils doivent seuls supporter la guerre, je puis prédire que cette guerre, ou pour mieux dire, cette révolte de la Corse, sera cause de quelques troubles à Gênes; et le motif en est très évident. Le peuple étant très affamé et mécontent, et le gouvernement n'ayant pas de revenus, il faut que toutes les dépenses, et elles sont considérables, soient supportées par les particuliers, sans qu'ils en retirent un grand bénéfice. Ainsi donc, comme on devra chaque jour débourser de l'argent et le tirer des particuliers, le mécontentement sera général et amènera quelque révolution. De sorte que le plus mauvais parti qu'on puisse prendre, c'est celui de laisser les Génois terminer seuls cette affaire, d'abord parce qu'ils n'y réussiront pas, en second lieu, parce que le printemps arrivera, et alors, que sa Majesté tienne pour certain que, si Elle met sur pied son armée, comme de raison, le Turc de son côté voudra armer, et il s'en viendra volontiers prendre ce que les Corses lui offriront. Des troupes ne pourront guère dompter les Corses par la force. Leurs seules ressources consistent en eux-mêmes et dans leurs volonté unanime de chasser les Génois; ils se tiendront dans leurs montagnes, dans leurs bois et dans des retraites inaccessibles. Les soldats ne les atteindront pas, et quand même on les atteindrait, on ne pourrait les exterminer tous, et, si on détruisait leurs maisons, peu leur importerait, car il faut que V. M. sache que sur mille habitants du pays, cinq seulement couchent dans des lits; les autres passent la nuit sur la feuille sèche des arbres, de sorte qu'ils ne leur coûte guère de tenir la campagne. L'île est fort étendue et bien peuplée, de sorte que je doute qu'on puisse attendre le printemps sans les avoir soumis. V. M. connaît la conséquence de tout cela, c'est que les Corses se donneront non seulement aux Turcs, mais au Diable, plutôt que de rester sous la domination des Génois, et je le dis, parce que j'en suis certain. Quant aux négociations, il est certain que tous les Corses sont persuadés que tout le mal qui leur est arrivé leur a été causé par la République de Gênes, alors qu'ils s'étaient placés sous la protection des Français, et bien que dans cette circonstance Sampiero reste attaché à la France, je ne pense pas qu'il en soit satisfait ; mais, comme il a vu l'Ile entière réduite à la dernière misère, il en a tiré (de la France) tout le secours qu'il a pu, et il a fait ce que d'autres auraient fait, puisque dans le pays tout le monde se trouvait du même avis. De sorte que je crois que, si les Corses trouvaient à s'appuyer sur d'autres que les Français, ils les préféreraient à ces derniers, et je crois aussi que s'ils étaient sûrs que V. M. ne les soumît pas de nouveau aux Génois, ils se jetteraient facilement dans ses bras. D'un autre côté je vois bien que les Génois, ignorant la véritable situation, ne voudront faire aucune concession à l'endroit de la Corse, de sorte qu'il est peu de moyens de sortir de ces difficultés. Dans ces conditions, mon intention cependant serait seulement d'empêcher de toute manière les Turcs de mettre le pied dans l'Ile ; parce qu'il y va d'abord de l'intérêt de V. M., puisqu'elle est rapprochée de ses possessions, de mon intérêt aussi, me trouvant encore plus près de la Corse, tout mon Etat étant un pays de côtes, et une flotte pouvant passer, en une nuit, en terre ferme. Ce serait par conséquent la ruine de la Chrétienté, parce que l'Ile possède beaucoup de ports qu'il serait facile de rendre inexpugnables, qu'elle est très commode pour les Corsaires d'Alger, et qu'elle offre des ressources abondantes et variées.

» J'ai représenté à V. M. la situation telle qu'elle est. C'est Elle qui, avec sa haute prudence, pourra décider,

Quant à moi, si Elle me commande de lui donner mon avis,
je le lui donnerai sincèrement et sans passion aucune. Mais
il faut qu'Elle me l'ordonne, autrement je me tairai, parce
qu'il serait par trop présomptueux à moi de dire qu'elle est
la résolution à prendre.

» J'adresse à V. M. la copie d'une lettre (1) qui m'a été
écrite par Sampiero Corso, conçue, je crois, dans les mêmes
termes que celles qu'il a envoyées à d'autres princes, d'après
ce que me dit celui qui me l'a apportée. Cet émissaire m'a
répété de vive voix ce que contient la lettre, et il est parti
pour en remettre une autre au Pape ; seulement il y a cette
différence, c'est que j'ai la conviction que les Corses ont une
grande affection pour moi : en voici la raison. C'est mon père
qui dans les guerres passées a commencé à se servir des
Corses qui, avant lui, étaient peu connus, en Italie, comme
soldats ; il le fit, parce qu'il reconnut que c'étaient des hommes valeureux et infatigables. Ils le devinrent si bien, qu'ils
lui firent honneur ; il en éleva un grand nombre en grades,
en nomma plusieurs capitaines et les traita fort bien. Sampiero est un de ceux que mon père a mis en évidence, quoique depuis il ait servi avec les Français. Jamais cependant,
dans les dernières guerres, il n'a voulu porter les armes contre
mes Etats, et depuis qu'il est avec la France je ne l'ai vu ni
entretenu. J'ajoute que beaucoup de capitaines de ce pays
m'ont bien servi et, toutes les fois que les Corses, j'entends
des particuliers, ont eu quelques besoins, je suis venu à leur
secours, j'entends parler de secours particuliers. Quant ils se
donnèrent aux Français, je les licenciai tous. La guerre terminée, un certain nombre retourna à mon service. Mais,
quand je vis comment les Génois se comportaient envers eux,

---

(1) C'est la lettre du 14 juin écrite le jour même de l'arrivée de Sampiero que M. de Caraffa n'a pu trouver à Florence.

je les renvoyai de nouveau, parce que je m'apercevais que ce peuple farouche n'aurait pas supporté les traitements que les Génois lui infligeaient. Je fis sortir les Corses de mes Etats. Mais, comme c'est dans mon port de Livourne que ces pauvres gens, marins et autres, relâchent quand ils viennent sur le continent, j'ai donné ordre qu'on les traitât bien, sans compter que plusieurs de mes terres des Maremmes sont remplies de Corses qui habitent là depuis des centaines d'années avec leurs familles. Chaque jour il en arrive, par suite de leurs troubles, pour s'y établir, et on y compte plusieurs milliers d'âmes. C'est pour cela que ce peuple a une très-grande affection pour moi : il ferait tout ce que je voudrais de lui, — un seule chose exceptée, — c'est que je ne parviendrai jamais, je crois, à les réconcilier avec les Génois. Dieu et la force seule peuvent les soumettre. Que V. M. ne pense pas que c'est la première fois que les Corses se révoltent contre les Génois. Depuis qu'ils se sont placés sous leur protection, (car ils étaient auparavant les sujets de Pise) ils se sont déjà révoltés au moins quatre fois dans l'espace de quatre-vingts ans. Je crois même qu'ils se sont révoltés bien plus souvent, parce qu'ils disent que, comme l'on n'a pas observé vis-à-vis d'eux les conventions par lesquelles ils se sont donnés librement et volontairement aux Génois, ils ne sont pas tenus d'être leurs sujets, puisque leur soumission a été volontaire, et qu'elle n'a pas été achetée ni acquise par le droit de la guerre. J'ai voulu que V. M. connût leurs intentions, afin qu'elle fût informée de tout, et maintenant qu'Elle connaît la confiance qu'ils ont en moi, elle agira pour le mieux de ses intérêts. J'ai répondu à l'envoyé d'une manière générale et j'en ferai de même vis-à-vis de Sampiero. Qu'Elle excuse a longueur de cette lettre ; en pareil cas, on ne peut guère lui écrire sans la fatiguer, car il faut qu'Elle sache la vérité et qu'Elle me donne des ordres que j'exécuterai toujours avec l'affection et la reconnaissance que je lui ai témoignées pendant tant d'années. Dans les affaires ordinaires comme dans les affaires extraordinaires, Elle pourra également commander au Prince, et tous deux nous servirons V. M. avec la même fidélité. » (V. *Append.* 18.)

Quelques jours après avoir écrit à Philippe, le Duc reçut une seconde lettre de Sampiero qui, cette fois, se montrant à découvert et ne gardant plus de ménagements, lui proposait, avec la plus vive insistance, du consentement de tout le pays, la souveraineté de la Corse et s'offrait de lui envoyer par écrit ce consentement. C'était l'unique moyen de le délivrer des Génois. Repoussé de tous côtés, ne pouvant plus compter sur la France, désavoué même en dernier lieu par Charles IX qui, dans une lettre très dure, venait de lui reprocher d'être arrivé en Corse pour recommencer la guerre, malgré le traité de Cateau-Cambrésis, et de lui ordonner de rentrer aussitôt à Paris, où il aurait à rendre compte de sa conduite (1) ; impuissant avec ses propres forces à soutenir plus longtemps une lutte inégale, Sampiero n'hésita plus sur le parti qu'il avait à prendre, et s'adressa aux Médicis, à ces princes qui, dans la détresse où se trouvait depuis longtemps sa patrie, n'avaient jamais cessé de le secourir et de lui témoigner une constante affection. Sampiero écrivit dans le même sens à Don François. Galluzzi et Gregori donnent les deux lettres : elles nous semblent d'un tel intérêt que nous croyons devoir leur donner place dans ce travail.

_____

(1) Voir dans Filippini, Tome V, première pièce de l'appendice.

Sampiero au Duc

» . . . . . Maintenant que j'ai cette bonne fortune d'être arrivé en Corse et que nous avons tout le pays à notre dévotion, je prie Votre Excellence, puisque ce pauvre pays est si dévoué à votre maison, de vouloir bien nous recevoir comme ses sujets, parce que, avec le peu d'aide que V. E. nous donnera soit ouvertement, soit en secret, nous arriverons avec l'aide de Dieu et de V. E., aux fins qu'Elle désire et à la réalisation de nos projets. Et quand V. E. se trouvera contente de nous, et qu'Elle se décidera à nous recevoir dans ses bras et à nous tenir comme ses sujets, nous lui transmettrons, pour sa plus grande sûreté, les suffrages et le consentement de tous les seigneurs, gentilshommes et peuples de la Corse. Et comme V. E. sait de quelle importance est cette Ile qui est le frein de l'Italie et d'autres pays, et qui surtout est si voisine et si rapprochée de ses Etats, Elle en retirera un grand avantage, de l'honneur et du profit ; et pour cela j'insiste, et je la prie de ne pas abandonner une si belle et si honorable entreprise. Et lorsque nous l'aurons terminée, je promets, s'il m'est permis de m'entretenir personnellement avec Son Excellence de lui proposer quelque chose qui lui fera plaisir, et nous formerons quelque entreprise de plus d'importance que celle de la Corse. » (V. *Append.* 19.)

Sampiero au Prince François de Médicis

« De la Porta d'Ampugnani, 26 août 1564.

» J'ai toujours eu le désir de me trouver en présence de Votre Excellence pour lui renouveler et lui prouver mon

ancien dévouement envers l'heureuse mémoire du Seigneur
Jean, le grand'père de V. E. comme aussi, à l'avenir, je
pense le faire pour son service, lui offrant pour toujours ma
vie, ma foi et mon peu de forces dans le monde, et si jusqu'à
présent je n'ai pas écrit à V. E., ce n'est pas faute d'affection
mais c'est à cause seulement de ma maladie et de mes occu-
pations. Maintenant que j'ai cette bonne occasion, il m'a
paru convenable, ainsi que je le dois, de m'adresser à V. M.
avec cette lettre, et de lui écrire ces quelques lignes, la
priant de me tenir au nombre de ses plus fidèles serviteurs,
ainsi que je le désire, et ainsi que je suis résolu de le montrer par mes actes, si l'occasion s'en présente, comme j'espère
en Dieu qu'elle ne tardera pas à se présenter. Je crois que
V. E. sait déjà que je suis retourné en Corse, mon pays, pour
chercher avec l'aide de Dieu à le délivrer de la tyrannie des
Génois, causée par les massacres sans nombre qu'ils y commettaient, — *per li grandissimi assassinamenti,* — et c'est
pour cela que les Corses sont décidés à mourir tous plutôt
que de rester leurs sujets, ayant l'intention de se soumettre
à Son Excellence Illustrissime le Duc, de préférence à tout
autre prince de la Chrétienté, parce que notre patrie a toujours été attachée et dévouée — *affezionata e serva* — à la maison de V. E., et c'est pour cela que les Corses demeureront
à sa dévotion, étant surtout si voisins et si rapprochés de son
Etat, ainsi que j'ai écrit à Son Excellence Illustrissime. Cependant je prie V. E. qu'elle veuille bien encourager Son
Excellence Illustrissime à nous recevoir dans ses bras et à
nous accepter pour ses sujets, puisque de si bon cœur la Corse
veut S. E. pour seigneur et maître. Et comme cette île est
d'une grande importance, je la prierai de ne pas laisser passer
une si bonne occasion, parce que je ne sais pas si, à l'avenir,
on pourra compter sur le dévouement de ces Seigneurs, gentilshommes et peuples de ce pays. Et quand il le faudra, je
lui enverrai leurs suffrages et leur consentement par écrit,

et, comme nous avons aujourd'hui tout le pays avec nous, je la prie d'exhorter S. E. I. à nous recevoir pour ses sujets, comme je l'ai dit plus haut, puisque c'est le droit de tous ces peuples, parce que, avec le peu d'aide que nous aurons, j'espère en Dieu que nous exécuterons bientôt notre projet. Et quand nous aurons terminé cette entreprise, je promets à Votre Excellence que nous en formerons une plus importante, ainsi que j'ai écrit à S. E., le Duc, votre père, et comme V. E. l'apprendra plus longuement par celui qui vous apportera cette lettre que j'envoie expressément à cet effet, et auquel il lui plaira d'ajouter foi sur tout ce qu'il lui dira de vive voix. Et comme je suis certain que V. E. n'y manquera pas, je ne m'étendrai pas davantage, et je prierai Dieu qu'il lui donne longue vie et qu'il la conduise au but qu'Elle désire.

» Son humble et très-fidèle serviteur,

» SAMPIERO CORSO. »

(V. *Append.* 20.)

Qu'on juge des sentiments du Duc à la lecture de ces deux lettres. Cette offre de la souveraineté qui lui était faite avec tant d'insistance, l'éclat que donnerait à sa maison ce nouvel accroissement de ses Etats, les avantages qu'il devait retirer d'un pays si important étaient de nature à surexciter de plus en plus son ambition. Comment décliner de pareilles propositions? elles ne lui étaient pas communiquées, cette fois, d'une manière indirecte, comme l'avaient fait, quelques jours auparavant, le Piévan de Casta et ses autres agents, c'était le sentiment vrai du pays tout entier qui se manifestait par la voix de Sampiero, et il ne pouvait se refuser de répondre à un si chaleureux appel.

Toutes ces considérations déterminèrent Cosme à tenter à Madrid un nouvel et décisif effort pour décider enfin Philippe à lui accorder la souveraineté de la Corse, ce rêve de sa vie qu'il poursuivait à travers tant d'obstacles et au prix de tant de sacrifices.

En même temps qu'il s'adressait au Roi, il écrivit à l'empereur Maximilien et au Pape, pour leur faire connaître les offres qui lui venaient de la Corse, les dangers qui le menaçaient de la part des Turcs, et pour leur demander leurs conseils, espérant qu'ils interviendraient en sa faveur auprès de la Cour d'Espagne. Il comptait sur leur amitié. Maximilien, en effet, venait de lui accorder pour Don François, son fils, la main de sa sœur, la princesse Jeanne. Quant au Pape Pie IV, c'était un Médicis de Milan, frère de ce marquis de Marignan qui avait pris Sienne sur les Français. Cosme avait contribué à son élévation à la tiare. Quoique le Pape ne fût pas de sa famille, il flattait sa vanité, en le considérant comme un de ses parents, et il n'avait pas d'ami plus dévoué à ses intérêts. Il répondit aussi à Sampiero, et sa lettre révèle les embarras de sa position. Ne pouvant prendre une résolution sans le consentement de Philippe, obligé de continuer en apparence ses bons rapports avec Gênes, le Duc se borna, dans les termes les plus affectueux pour celui-ci et pour les Corses, à leur renouveler les assurances de son ancienne amitié, et à leur conseiller de ne pas se livrer aux Turcs. Mais tout dépendait, comme nous l'avons dit, du roi d'Espagne. Pour une affaire si importante Cosme ne se borna pas à écrire à Philippe; il lui envoya, en ambassade extraordinaire, le comte François Montauto, un de ses gentilshommes, qu'il chargea des dernières lettres de Sampiero, et auquel il donna mission de traiter des propositions qui lui étaient faites par les Corses.

Cosme à Sampiero

« 20 septembre 1564.

» Le vif désir que j'ai toujours eu de votre honneur et de votre réputation, par suite de l'attachement que vous avez toujours montré à ma maison, fait que votre lettre m'a causé un grand chagrin, parce que je vous vois dans les troubles et dans les embarras avec votre nation que j'aime tant pour elle-même, comme aussi à cause de l'affection qu'elle me témoigne. Il m'est douloureux de penser que ce sont des événements très difficiles à surmonter et qui sont de nature à vous tourmenter et à inquiéter les autres, sans compter les tristes conséquences qui peuvent s'ensuivre ainsi que vous me le déclarez nettement dans votre lettre. Quoique vous m'écriviez que cela arrivera forcément, néanmoins je vous tiens pour si sage et si avisé que vous ne vous laisserez pas entraîner par la passion au point de vouloir plutôt vous jeter en proie aux infidèles que de recourir à l'aide et à l'intervention des Princes Chrétiens qui ne sauraient vous faire défaut. Car, dès que le Turc vous aura mis le pied sur la gorge, il cherchera à vous opprimer pour toujours, parce qu'il lui suffit de vous avoir fait entrer en danse et d'avoir allumé un incendie qui ne vous laisserait jamais en repos : tandis que ceux qui aiment la paix générale feraient tous leurs efforts pour éteindre le feu, vous tirer d'embarras et vous procurer la paix et la tranquillité. Ne prenez donc pas de résolutions précipitées ; examinez-les avec toute votre prudence et soyez assuré que partout où je pourrai vous prêter mon concours, pour vous tirer de peine et de souci, je le ferai avec tant de bonne volonté que vous retrouverez en moi l'affection que mon Seigneur père, de glorieuse mémoire, portait à votre personne et à toute votre nation. » (V. *Append.* 00.)

Cosme au Pape

—————

» Poggio al Cajano, 30 septembre 1564.

» Il arrive souvent que plus on évite les affaires, plus elles courent après vous. C'est ce qui arrive pour moi, ainsi que Votre Sainteté le verra. Elle aura appris la révolte de Sampiero et le soulèvement de toute la Corse contre les Génois, à l'exception des lieux occupés et habités par les troupes et les étrangers. Portovecchio gardé par cent soldats génois a été pris. On y a trouvé six pièces d'artillerie en bronze, deux pièces de batterie et quatre de campagne, Sampiero fait fortifier la place le plus qu'il peut.

» Pendant ce temps, voici qu'un envoyé de Sampiero m'apporte une lettre et m'annonce que les Corses ont pris la résolution de se donner à moi comme sujets et vassaux, en me priant de les accepter comme tels. Ils déclarent qu'ils sont prêts à se donner aux Turcs plutôt que de se soumettre à Gênes, et ils disent qu'ils m'ont choisi de préférence à tout autre prince, parce qu'ils espèrent que je leur administrerai une bonne justice, et parce que ce peuple, dans les guerres passées, fut très protégé par mon père ; ils ajoutent qu'ils ne veulent d'autre maître que moi, et que, si je ne les reçois pas comme mes sujets, ils seront forcés, malgré eux et comme poussés à bout, de prendre quelque résolution qui pourrait nuire à mes intérêts.

» En cet état, j'ai recours à Votre Sainteté, et je lui demande conseil comme à mon père et Seigneur, parce que, quoique l'affaire presse, j'ai pris un peu de temps pour faire une réponse, et parce qu'il y a bien des choses à examiner et à prendre en considération. J'ai adressé un mémoire à mon ambassadeur et je l'ai chargé de le communiquer à Votre

Sainteté. Je ne le joins pas à ma lettre pour ne pas l'importuner. Je la supplie, lorsqu'Elle aura pris connaissance de tout, de me donner son très sage avis à l'aide duquel je serai certain de ne pas me tromper.

» Je n'ai eu connaissance des événements survenus en Corse que par l'envoyé de Sampiero qu'il me dépêcha dès son arrivée dans le pays, avec une lettre dans laquelle, pour justifier son entreprise, il exposait les mauvais traitements que les Corses avaient reçus des Génois, et les motifs qui leur avaient fait prendre les armes, me rappelant qu'il avait été au service de mon père, et combien il avait été dévoué à ma maison. Je lui ai répondu que je voyais avec peine qu'il s'engageât dans cette entreprise et qu'il en fût venu à cette extrémité.

» L'envoyé de Sampiero me demanda une frégate pour échapper aux Génois. Je crus convenable de ne pas la lui refuser. Jls ont fait grand bruit à ce sujet, ainsi que Sa Sainteté doit l'avoir appris. Ils ne savent pas eux-mêmes ce qu'ils veulent dire. Mais c'est là tout ce qui s'est passé, et j'ai cru à propos d'en rendre compte aussi à Votre Sainteté, afin, qu'Elle sache ce qu'il en est, et pour ne pas l'importuner davantage, je terminerai ma lettre en lui baisant humblement ses très-saints pieds, — *li santissimi piedi,* — et en priant Dieu qu'il lui accorde une longue et heureuse vie. » (V. *Append.* 22.)

Nous n'avons ni la lettre que le Duc écrivit à l'Empereur ni la réponse de celui-ci. Quant au Pape, Galluzzi nous apprend qu'il exhorta Cosme à ne pas exposer l'Italie à une nouvelle guerre que ses prétentions sur la Corse aurait infailliblement allumée.

CHAPITRE III.

27 OCTOBRE 1564 - 17 JANVIER 1567.

Les espérances que Cosme fondait sur l'ambassade de Montauto ne furent pas de longue durée. Il attendait avec anxiété la réponse de Madrid, quand il s'aperçut, à des signes certains, que le Roi, plus résolu que jamais de chasser Sampiero de Corse, avait donné l'ordre d'envoyer, sous le commandement de don Garcia de Tolède, des troupes en aide aux Génois et même les dix galères toscanes qu'il tenait à sa solde. Cette nouvelle qui dérangeait tous les desseins du Duc le mit dans un embarras extrême. Il n'avait donc plus à compter sur les dispositions favorables de Philippe, ses propres galères s'en allaient combattre les Corses, au moment où ce peuple se livrait à lui avec tant de confiance, et c'était un membre de sa famille qui était désigné pour diriger l'expédition. Cosme cependant ne perdit pas courage, et ne négligea rien pour éloigner ce nouveau danger. Il fit écrire par Don François, au Prince de Piombino, commandant de ses galères; il s'adressa lui-même à son beau-frère, lui représenta le mauvais état de sa flotte, la difficulté des approvisionnements, la disette de ses Etats, et insista tellement que Don Garcia se borna à envoyer en Corse quinze cents soldats seulement, qu'il se dispensa d'y aller en personne, et qu'il fit voile à la hâte vers la Sicile où il avait été nommé Vice-Roi.

Il lui fallait néanmoins dissimuler son mécontentement et apaiser les défiances toujours croissantes des Génois. Il s'adressa à son agent à Gênes, l'abbé de Negro, et pendant qu'il s'efforçait d'empêcher don Garcia de débarquer les Espagnols en Corse, il faisait savoir à la République qu'il éprouverait le plus grand plaisir de les y voir arriver, persuadé, disait-il, qu'on mettrait ainsi un terme à la révolte. « Les avis que vous nous avez donnés par vos lettres du 6, nous ont fait le plus grand plaisir, puisque l'armée de sa Majesté Catholique arrivant en Corse, on ne peut qu'espérer que ce sera pour mettre un terme aux embarras que la révolte de cette île cause à la Seigneurie. » (V. *Append.* 23.)

Cosme avait fait plus : prévoyant la pensée du Roi à ce sujet, et pour se mettre mieux encore à l'abri contre tout soupçon, il avait, dès le 10 août, écrit à de Negro, au moment où la flotte espagnole s'apprêtait à partir pour la Penon de Velez, et lui avait mandé « qu'il le remerciait des avis qu'il lui donnait, mais qu'ils lui feraient un plus grand plaisir si don Garcia s'en venait avec son armée étouffer cette révolte de Corse qu'il ne pouvait apprendre avec plaisir, soit à cause de sa proximité avec ce pays, soit à cause de l'affection qu'il portait à l'Illustrissime République. » (V. *Append.* 24).

Mais l'expédition était décidée. L'armée partie de Malaga le 29 août, s'était emparée, quelques jours après, du Penon (1). Don Garcia y avait laissé huit cents Espagnols sous les ordres de Don Diego Perez Arnalto, et était revenu en Italie, vers la fin du mois de septembre. C'est là, en effet, qu'il reçut de Philippe l'ordre de se rendre en Corse, sur les galères de Florence, et d'y porter aux Génois un secours de deux mille cinq cents Espagnols.

---

(1) Les détails de l'expédition du Pénon de Velez sont racontés dans les commentaires d'Anton Francesco Cini (*clericus nebbiensis diocesis*) imprimés à Rome chez Giulio Accolto, 1567.

4

Le Prince don François au Prince de Piombino

« Du Poggio del Cajano, 27 octobre 1564.

» Vos dernières lettres sont celles que Votre Seigneurie a écrites des îles d'Hyères et de Ste-Marguerite au Duc, mon Seigneur, et, comme elles ne nous parlent que de désordres, de maladies et de mortalité, elles nous ont causé beaucoup de peine. Il n'est pas possible de remédier aux choses passées, et nous ne vous écrivons que ce qui a paru mériter de notre part une résolution. En ce qui concerne les vivres, si Votre Seigneurie s'arrête à Porto-Ferrajo ou à Livourne, elle se munira de tout le biscuit dont elle pourra avoir besoin : il y en a en abondance dans ces deux places. Si nos galères s'en vont directement en Corse, il faudra que Son Excellence (*don Garcia*) fasse des vivres ; il y est forcé, parce que ce sont nos galères qui ont fourni des provisions aux autres bâtiments de la flotte. Nous espérons que don Garcia dispensera pour cette fois les galères de Toscane de l'expédition de Corse ; en les faisant reposer un peu, il les trouvera plus tard en meilleur état de la servir. A cet effet, nous écrivons la lettre ci-jointe à Son Excellence. Cependant, si Elle persiste à vouloir les envoyer en Corse, nous permettons, puisque Sa Seigneurie est malade, qu'Elle reste à terre et qu'Elle envoie Montauto à sa place. » (V. *Append.* 25).

Le Prince don François à don Garcia de Tolède

« De Cerreto, le 27 octobre, 1564.

» Après l'heureuse expédition du Pénon, par sa lettre du 28, Son Excellence nous a fait connaître, au Duc, mon Seigneur, et à moi, le bon état de sa santé. Nous nous portons aussi fort bien, grâce à Dieu : seulement ces jours derniers, le Cardinal et don Pierre (1) ont été atteints de la petite vérole, mais ils sont guéris...... Nous prions aussi instamment que possible Votre Excellence de dispenser nos galères de l'expédition de Corse, soit parce qu'elles sont bientôt au terme de leur service, soit à cause des nombreux malades qui se trouvent à bord. De cette manière, elles s'en iraient à Porto-Ferrajo se ravitailler de tout ce dont elles ont besoin, et elles pourraient faire un meilleur service pour les entreprises que V. E. ordonnerait. Votre Excellence pouvant considérer ces galères comme lui appartenant, nous sommes certain qu'Elle les ménagera et qu'Elle en aura quelque soin. Nous lui en serons très-obligé. » (V. *Append.* 26.)

---

(1) Le Cardinal et don Pierre, fils de Cosme ; le premier s'appelait don Ferdinand ; il était alors âgé de 15 ans, et Pie IV l'avait créé cardinal deux ans auparavant. Don Pierre était plus jeune. (GALLUZZI).

Le Duc à don Garcia

« De Ceretto, le 29 octobre 1564.

» J'ai appris avec un incroyable plaisir les heureux succès de Votre Excellence et son arrivée en Italie. J'aurais désiré la voir, mais je m'aperçois qu'Elle est si occupée des affaires de Corse et du voyage de Sicile que j'ai perdu pour le moment cet espoir. A tout événement cependant j'ai envoyé à Votre Excellence, de ma part et de la part du Prince, le capitaine Louis Dovara pour la féliciter et lui donner des nouvelles de toute notre famille. En ce qui concerne les galères, comme elles sont confiées aux soins du Prince, c'est à lui d'écrire ce qu'il y a lieu de faire, mais je vois bien que si elles ne se reposent pas un peu, elles se détérioreront tout à fait, au grand contentement de ceux qui le désirent, (elles appartiennent aussi bien à V. E. qu'à nous), et je pense qu'un jour elles pourront être plus utiles pour le service de V. E. qu'elles ne le seront aujourd'hui. Quant au biscuit, V. E. ne pourra en trouver à Pise ni à Livourne parce qu'il n'en a pas été fait de provision. Le peu qui se trouve à Porto-Ferrajo ne sera pas suffisant pour nos galères, et, ce qu'il y a de plus malheureux, c'est qu'il y a une grande disette de blé, ce qui me déplaît beaucoup, ne pouvant contenter Votre Excellence. » (V. *Append.* 27.)

Pendant ce temps, Philippe ne perdait pas de vue les affaires de la Corse et veillait aux préparatifs de l'expédition. Les forces que Don Garcia était chargé d'amener aux Génois ne paraissant pas suffisantes, le Roi avait prescrit au marquis de Pescaire, nommé son Capitaine Général, d'en réunir de plus importantes, et lui avait donné les instructions les plus détaillées sur le mouvement de ses troupes, réglant lui-même, selon son habitude et avec un soin minutieux, leurs approvisionnements et leurs paies. Rien n'avait été négligé : il n'avait pas oublié surtout d'informer les Génois qu'il entendait qu'Etienne Doria et ses officiers, partis dans le même temps pour combattre Sampiero, fussent placés sous les ordres de son Capitaine Général. Le Duc était informé de tout cela. Concini, son secrétaire, avait saisi la lettre que Philippe écrivait au Marquis et que celui-ci devait recevoir à Florence, où il était attendu. Concini l'avait décachetée et l'avait envoyée au Duc qui savait maintenant à quoi s'en tenir sur les intentions du Roi et sur la réponse qu'il lui enverrait.

Le Roi

————

« Du Bois de Ségovie, le 27 octobre 1564.

» ILLUSTRE MARQUIS DE PESCAIRE (1),

» Vous savez déjà l'état des choses de la Corse, et combien il importe pour le bien de la Chrétienté, pour la conservation de la paix et pour nos possessions, seigneuries et gouvernements, que Sampiero soit chassé et que cette affaire se termine et se conclue cet hiver. Pour achever d'écarter l'occasion de nouveaux troubles qui pourraient suivre dans l'avenir, il m'a paru bon d'ordonner qu'en sus du monde que les Génois ont en Corse, et des quinze cents Italiens que j'ai com-

————

(1) Ce marquis de Pescaire était le fils du marquis del Gouast. Le premier marquis de Pescaire qui avait épousé Vittoria Colonna était mort en 1525 et avait fait son héritier le marquis del Gouast, son cousin.

mandé d'y envoyer avec don Laurent Suarez de Figueroa
Don Garcia de Tolède, notre Capitaine Général de la mer,
qui, à cause de la saison avancée, ne pourra s'arrêter là-
bas (1) avec sa flotte, pour des raisons nombreuses et suffisantes que vous comprendrez, laisse dans l'Ile les soldats de
Naples et de Sicile qu'il a à bord de ses galères et les autres
mille qui ont été levés dans les royaumes pour l'expédition
du Pénon de Velez, et aussi les mille qui furent tirés de
Lombardie pour cette entreprise, à moins que don Gabriel de
la Cueva, notre Gouverneur de l'Etat de Milan et Capitaine
Général en Italie, n'en ait besoin, et ne les envoie demander,
comme nous le lui avons écrit, et lui écrivons encore, comme
vous le verrez par la copie de mes lettres qui accompagnent
celle-ci. Avec ce nombre et ce qu'Etienne Doria possède tant
en infanterie qu'en cavalerie, et aussi avec l'artillerie et les
munitions des villes qui sont soumises et dévouées à la Seigneurie, il semble que cela suffit pour tenir cette île et pour
en enlever le gouvernement à San Pietro Corso. Mais, pour
satisfaire et contenter davantage ladite Seigneurie et pour
augmenter le nombre de l'infanterie espagnole, nous avons
décidé d'envoyer d'ici encore seize cents soldats. On commen-
cera à le faire le plus tôt que l'on pourra, d'après le temps,
pour renforcer et remplacer ceux qui sont venus de Naples et
de Sicile et qui auront forcément succombé après tant d'expéditions ; et ces soldats, les affaires de Corse terminées, doivent
s'en aller en Sardaigne, pour y être gardés et tenus prêts,
afin qu'au printemps prochain on puisse agir par terre et
par mer.

» Vous devez tenir pour entendu que le Vice-Roi doit pourvoir à la paie des soldats de Naples. Nous lui écrivons à ce
propos la lettre ci-jointe que vous lui enverrez. Don Gabriel

---

(1) En Afrique.

paiera ceux de Lombardie avec l'argent qu'il a pour cela ;
il doit rester à notre compte les mille Italiens, les mille soldats nouveaux qui sont sur les galères et cinq cents Siciliens,
parce qu'il n'est pas juste de tirer de ce pays la paie pour le
temps qu'ils seraient restés en Corse. Nous écrivons à Don
Garcia de remettre la liste du monde qui reste à notre charge,
et la provision d'argent à Sébastien Lopez, qui doit faire la
paie, afin qu'il tienne compte des sommes et des provisions
qu'il aura fournies, et nous lui ordonnons, ainsi qu'aux autres
commissaires qui sont nommés, de faire les livraisons et les
comptes de paiement dans la forme accoutumée, afin que
vous les signiez et arrêtiez, et que le payeur de ces troupes
puisse les exécuter, sans qu'il y ait erreur.

» Nous avons voulu vous donner ces instructions si détaillées pour que vous compreniez bien ce que nous statuons
et ordonnons au sujet de ces troupes et de la paie, et pour
l'entière satisfaction de votre personne. Et, comme nous nous
sommes assuré que vous êtes muni pour cette expédition de
ce qui est nécessaire pour l'achever dans le plus bref délai
possible, vu les grands inconvénients qu'il y aurait à la re-
tarder, nous avons voulu vous nommer et vous choisir comme
Capitaine Général pour le temps qu'elle durerait, et l'on vous
envoie le titre en forme.

» Je vous prie et vous recommande vivement, dès que vous
le recevrez, de vous porter et de vous rendre en Corse, et,
lorsque vous vous serez rendu compte des choses et des affaires
de San Piero Corso, de pourvoir à ce qui doit être fait, afin
que vous obteniez les résultats que nous espérons de votre
prudence et de votre dévouement pour nous, sans perte de
temps, parce que tout consiste dans la promptitude de l'exécution. Nous écrivons à notre ambassadeur pour qu'en vertu
de sa lettre d'accréditation, il parle de notre part à la Seigneurie et lui dise et déclare ce que nous vous disons de faire,
et afin qu'Elle ordonne à Etienne Doria de vous obéir comme

cela est de raison et de devoir, puisque vous êtes notre Capitaine Général, et qu'il en soit de même des officiers et soldats placés sous ses ordres, et des populations de l'Ile qui sont sous la dépendance de ladite Seigneurie, et cela en tenant bonne correspondance avec nous, et de pourvoir aux vivres, artillerie et munitions et aux choses nécessaires pour la rapidité de l'entreprise. Et pour inspirer à Etienne Doria plus d'ardeur et de zèle, nous écrivons à don Garcia de recommander, à Jean-André Doria de tirer de ses galères tout ce qui sera nécessaire à cette expédition et vous nous tiendrez constamment au courant de tout ce qui se passera et de tout ce qui se conclura: en cela vous nous ferez beaucoup de plaisir et nous rendrez grand service.

» MOI. LE ROI. »

(V. *Append.* 28.)

Cependant, vers le commencement du mois de Novembre, François Montauto, au terme de son ambassade, partit de Madrid ; mais pris de la fièvre et forcé de s'arrêter en route, il expédia un courrier qui arriva à Florence le 12 du même mois, portant la réponse du Roi d'Espagne et d'autres dépêches. Elles furent remises au secrétaire Concini (1) qui les envoya aussitôt à Pise, où se trouvait le Duc.

---

(1) Barthélemy Concini, qui fut le grand-père du maréchal d'Ancre, était le secrétaire et le confident intime du Duc. Il avait fait un long séjour à la cour de Charles V et y avait acquis une profonde connaissance des affaires d'Etat. Toute la correspondance diplomatique passait par ses mains, et notamment celle échangée entre le Duc et le Prince. Cosme l'avait comblé d'honneurs et de richesses. — GALLUZZI. Tome II, page 219.

Concini au Duc

« Florence, le 12 novembre 1564.

» Le courrier envoyé par François Montauto vient d'arriver porteur de ses lettres et de celles de Sa Majesté Catholique qui remercie de la manière la plus affectueuse le Prince, mon maître, et qui s'en remet à Votre Excellence pour l'affaire dont il s'agit. Le Prince, sans ouvrir les lettres, m'a ordonné de vous les trasmettre par le courrier même, ainsi que je le fais. L'affaire qu'avait à négocier Montauto n'a été traitée que par le duc d'Albe, quoique le Confesseur du Roi et don Louis d'Aila aient beaucoup insisté pour en connaître. » (V. *Ap.* 29.)

Le Roi Philippe au Duc de Florence

« Madrid, le 25 octobre 1565.

» Illustrissime Duc, Notre Très-Cher Cousin,

» Le 21 du courant, j'ai reçu par Montauto la lettre que vous m'avez écrite de votre main le 21 du mois dernier ; précédemment j'avais reçu celle du 24 du même mois par Garcès, ainsi que les avis de Rome qu'il avait eus jusqu'alors. D'après la lettre remise par Montauto, la copie incluse de celle de Sampiero à votre adresse et ce qu'il vous avait mandé par la personne qui vous l'a apportée, je vois qu'il vous a offert de vous livrer la Corse, et que si je veux l'accepter, vous m'offrez vous-même de vous employer à m'en assurer la possession. Je fais de cette offre, et de tout ce que vous me dites à cet égard le cas de raison, et vous suis bien reconnaissant, car je sais que vous vous inspirez en cela de l'affection que vous me portez, et du désir de seconder ce qui vous semble devoir m'être utile et d'empêcher ce qui pourrait nuire à mes intérêts ou causer un dommage à mes Etats. Et d'abord, si j'ai en ce qui vous concerne cette opinion et cette confiance, je suis bien certain que de votre côté vous connaissez assez la loyauté et la sincérité dont j'use envers tout le monde et à plus forte raison envers mes amis et mes serviteurs, pour qu'il ne soit pas nécessaire de vous le rappeler. Il me suffit de vous dire que tenant pour tels les Génois, et les ayant, comme vous savez, sous ma protection, je ne voudrais, pour aucun intérêt humain, les abandonner dans le cas actuel, ni cesser de leur témoigner ma bonne amitié et ma bienveillance d'autrefois. Quant à eux, ils ont en moi une entière confiance, et je les tiens si fermement pour mes alliés, que la Reine Très-Chrétienne m'ayant fait prier de vouloir consentir à ce qu'on cherchât le moyen de tirer le dit San Piero Corso de l'entreprise où il s'est engagé, m'assurant qu'il n'y avait été poussé que par le désespoir, sans raison ni appui aucun, je n'ai voulu en aucune manière intervenir, sans consulter lesdits Génois, et sans savoir d'abord si cela leur convenait et leur faisait plaisir. Je désire les aider à apaiser cette île; ce dont vous devez être persuadé, d'autant plus que ce n'est pas à vous seulement que ledit San Piero Corso l'a offerte, mais qu'il a écrit et fait la même proposition au Pape, à l'Empereur, au Roi de France, à moi et à d'autres, en même temps qu'à vous, par l'intermédiaire d'un capitaine qu'il a envoyé à la Cour de France. Ces renseignements m'ont été fournis par Don François d'Alava, lequel réside actuellement pour mes affaires près ladite Cour, et qui n'a pas voulu l'entendre ni recevoir la lettre qu'il lui présentait pour moi. On voit donc qu'il n'y a là qu'un artifice, et qu'il cherche à se servir de quiconque voudra l'assister et le seconder pour arriver à ses fins. Puisqu'il en est ainsi, je vous prie très-affectueusement de repousser de tout point cette négociation et de déclarer à ce Corse que vous ne pouvez plus ni directement ni indirectement l'accueillir, ni l'entendre, ni lui accorder aucun genre de faveur ou d'assistance. Se voyant abandonné par la France, comme, en effet, j'apprends qu'il l'est, ayant perdu l'espoir qu'il avait conçu, en vous offrant de vous livrer l'île, de se faire aider par vous, et se trouvant en présence des forces nouvelles que je fais envoyer là, il se verra pressé de telle sorte qu'il sera, j'en suis sûr, facilement défait, et dans peu de jours les affaires de ce pays achèveront de se rétablir comme il convient. Vous voudrez bien tenir pour bonne ma résolution, car vous voyez que je n'ai pas en vue mes intérêts particuliers, mais seulement et principalement le maintien de la paix et de la tranquillité publique et le devoir de veiller à ce que les Génois qui sont sous ma protection ne soient pas troublés par la trahison d'un vassal rebelle. Quant à ce que vous avez entendu des intrigues des Français à Gênes, bien que je sois certain que leurs menées ne parviendront pas à m'aliéner l'affection des Génois et à les détacher de mon service, néanmoins, si vous aviez appris quelque chose d'important à ce sujet, je vous prie de m'en donner avis, comme d'ailleurs vous me l'offrez, et comme je l'attends de vous avec confiance. Veuillez me communiquer également ce que vous apprendrez encore au sujet du mariage projeté, au dire de votre ambassadeur à Rome, entre le comte Annibal et la sœur du duc de Ferrare, et m'indiquer quelle diligence vous me conseillerez de faire de mon côté, si l'affaire devenait sérieuse, bien que le Comte qui est ici ne m'en ait pas parlé.

» Je suis persuadé que vous vous êtes réjoui, comme vous le dites, de l'amélioration de la santé de la Reine, parce que mon affection avait droit de l'attendre de vous. Vous devez être heureux d'avoir fait dire des prières pour elle, car au point extrême où elle était venue, tout a été nécessaire. Sa convalescence est maintenant en si bonne voie que, je l'espère en notre Seigneur, elle sera bientôt tout à fait rétablie.

» Puisse-t-il, Illustrissime Duc, notre très-cher cousin, vous avoir toujours en sa sainte garde (1). » (V. *Append.* 30.)

Cette lettre ne laissait plus aucun espoir à Cosme. Le Roi lui ordonnait de repousser toute négociation avec les Corses, traitait Sampiero de vassal rebelle et prenait hautement les Génois sous sa protection. Il fallait donc se résigner, d'autant plus que le Duc s'était convaincu que Philippe avait l'intention de s'emparer de la Corse pour son compte. Le bruit en avait couru à Madrid, et Montauto le lui rapportait. Comment pouvait-il croire, en effet, qu'un prince si économe, toujours embarrassé par les excessives dépenses de son gouvernement et n'ayant en vue que les intérêts de l'Espagne, se résignât, pour le seul profit des Génois, à tant de sacrifices d'hommes et d'argent? Il dissimula cependant ses craintes et ne s'en ouvrit qu'avec Concini dans une série de notes et de dépêches où éclataient toute sa mauvaise humeur et son dépit.

« Je t'envoie, lui écrit-il le 14 novembre, le jour même où il avait reçu le courrier de Montauto, les lettres arrivées de la Cour qui me font connaître quelles sont les intentions du Roi. Renvoie-moi la lettre du Roi et celle de Montauto. Tu peux garder les autres. En ce qui concerne la décision prise au sujet des affaires de la Corse, je m'en explique à la fin de cette lettre afin que le Prince en soit informé.

» Voici où en sont les affaires de la Corse. Don Garcia ne va plus en Corse, mais il y envoie sur vingt galères quinze cents

_____

(1) Cette lettre qui ne se trouve pas dans la collection Caraffa nous a été communiquée par M. Letteron.

Espagnols. Dieu veuille qu'ils n'y soient pas sacrifiés. Les Génois sont sans aucunes provisions, les matelots n'ont pas de quoi manger, à ce point que les Génois comptent ne tenter aucune entreprise avant l'hiver, et attendre le printemps. Tout au plus s'ils attaqueront faiblement Portovecchio. Etienne Doria, au dire des Génois eux-mêmes, a succombé à sa maladie. Les autres renseignements nous sont donnés par Baroncelli; le patron de la barque était parti, quand nous avons cherché à le voir pour savoir la vérité. Don Garcia dit que le Roi veut lever dix mille soldats et les envoyer en Corse avec le marquis de Pescaire, mais je pense que nous arriverons au printemps, c'est dans la situation ce qui peut nous arriver de pire. Don Garcia a demandé plusieurs choses qui lui étaient nécessaires pour son entreprise. Ils les lui ont promises, mais ils n'en ont rien fait, de sorte que Don Garcia qui n'allait pas volontiers en Corse, met à leur disposition ce peu de temps, et s'en va en Sicile pour remettre l'armée en ordre. Il ne reste en Corse pour commander que Don Laurent Fi-guerroa, qui a combattu avec nous dans la guerre de Sienne, et si le Roi n'entreprend pas cette expédition, les affaires des Génois iront assurément de travers. Nous avons découvert des intentions et des projets que nous dirons et que nous écrirons au Prince, quand nous aurons plus de loisir. Don Garcia est parti cette nuit, à la troisième garde, et a laissé ici quatre galères pour prendre le biscuit. Il restera trois jours à Portoferrajo pour passer en revue son infanterie : il ne l'a point fait ici parce que les soldats se seraient enfuis : on leur doit trois paies ; ils murmuraient, et d'aucune manière ils ne voudraient aller en Corse. Comme depuis qu'il est arrivé, un grand nombre a déserté, il n'en laissera pas descendre un seul à terre. Voilà ce que je puis vous écrire à la hâte sur les af-faires de la Corse et sur les galères de don Garcia. » (V. *Append.* 31.)

Concini au Duc

» Je renvoie à Votre Excellence la lettre du Roi et celle de François Montauto. La résolution du Roi au sujet des affaires de la Corse n'a pas surpris le Prince, mon maître, qui m'a prédit ce résultat lorsque Montauto partit. Informé des démarches faites auprès de la Reine, (*Catherine de Médicis*) il regrette beaucoup que le Roi se trompe en cette circonstance, parce que n'ayant pas su saisir l'occasion que Votre Excellence lui offrait, et la Corse ne pouvant être soumise aussi facilement qu'il le croit, il suffira aux Français d'y envoyer quelques secours ; et, en prenant Sampiero sous leur protection, ils se justifieront en disant qu'ils avaient proposé au Roi Catholique de prendre quelques dispositions, et que celui-ci ne l'ayant pas fait, ils ne peuvent abandonner une de leurs créatures qui se jette dans leurs bras. Le Roi devait s'apercevoir que les Français sont animés de sentiments hostiles, puisqu'ils empêchent les Suisses de s'allier avec lui, et qu'ils cherchent à faire cette alliance pour leur compte. Le Prince, mon maître, pense que cette étrange manière de voir du Conseil d'Espagne sera la cause de la perte de la Corse, et, par suite, de troubles à Gênes, et que les Génois voyant l'Ile perdue pour eux, se soucieront fort peu que Votre Excellence ait un voisin qui l'inquiète. Si le marquis de Pescaire tente l'entreprise, il s'apercevra qu'elle a un tout autre goût que les carrousels et les festins de Milan (1). — Don Garcia

---

(1) « M. le Marquis était l'homme du monde le plus adroit et le plus fort soit à pied soit à cheval qui fût de son temps et le plus ferme, et s'il avait

seul a eu le bon esprit de faire voile vers la Sicile, afin de ne pas compromettre en Corse sa réputation, car, comme le dit Votre Excellence, ce petit nombre d'Espagnols va y être sacrifié et peut-être mourir de faim par suite des mauvais approvisionnements des Génois. » (V. *Append*. 32.)

« Le maître attache l'âne où il veut, ajoute le Duc en note, mais si l'âne s'écorche, tant pis pour le maître : le sieur Aurèle (Fregoso) confirme la prise de Corte, et dit que huit cents soldats de Gênes ont péri (grand bien nous fasse.) »

Concini au Duc

« Florence, 30 novembre 1564.

» François Montauto est de retour, mais pris de la fièvre. Cependant il pense se rendre demain ou après-demain auprès de V. E. Il a rapporté au Prince, mon maître, qu'à Madrid on est généralement d'avis que sa Majesté Catholique veut s'emparer de la Corse. Le Prince le croit aussi, soit parce qu'il est persuadé que les raisons présentées par V. E. ont frappé sa Majesté, soit parce qu'il s'aperçoit qu'on fait lentement les préparatifs de l'expédition de Corse, d'autant plus que la flotte de Don Garcia a pris le large, ce qui probablement a été convenu avec le Roi, qui, d'après l'opinion du Prince, mon maître, cherche avec adresse à laisser à ce point les Génois qu'ayant à supporter les frais de la guerre, ils se décideront à abandonner ce soin à Sa Majesté Catholique. Et si

---

une jambe plus courte que l'autre d'un doigt, et si l'on n'y reconnaissait rien ny en sa taille ny en sa vigueur, car elle était des plus belles et des plus riches. Aussi pour l'enrichir davantage il s'habillait du mieux et en était très-curieux. C'était l'homme du monde qui combattait à la barrière le plus vertement et le plus ferme et le plus rudement. » — BRANTÔME. *Des Grands Capitaines Etrangers*. Livre Ier.

le Roi a répondu à V. E., comme il l'a fait, c'est qu'il ne veut pas que Votre Excellence puisse soupçonner Sa Majesté Catholique de convoiter le bien d'autrui.

» Enfin hier au soir à la nuit est arrivé le Seigneur Chiappino (Vitelli). Il dit qu'il n'est point vrai que les Génois aient perdu huit cents hommes, il ajoute que Sampiero n'a du côté de la mer que Portovecchio, et pour peu de temps, et qu'en somme il finira par succomber (*e in somma ch'egli anderà a gambe levate.*)

» Le frère du marquis de Pescaire est passé hier par ici, et le Prince, mon maître, l'a fort bien accueilli. Il se plaignait de ce que Sa Majesté employait toujours le Marquis dans des affaires qui lui rapportaient peu de bénéfices et peu d'honneur. Ce qui lui importait le plus, c'est qu'en suite d'une seconde dépêche de Madrid, on avait encore diminué le nombre des soldats qu'il devait conduire en Corse. Il paraissait en somme fort peu satisfait. Le Prince lui a répondu adroitement, au nom de S. M. C. en lui disant que l'expédition de Corse était une entreprise honorable et de nature à illustrer le marquis, parce que réellement les Corses n'étaient pas en état de résister aux forces de S. M. C. et des Génois.

» Don Garcia a envoyé un paquet de lettres pour le marquis de Pescaire, pour que le Prince mon Seigneur les lui adresse à Milan. Je l'ai décacheté et j'y trouve la lettre (1) dont je vous transmets ci-joint la copie que V. E. pourra me renvoyer si cela lui plaît. » (V. *Append.* 33.)

Le Duc a écrit en marge de cette lettre :
« Ce sera la fable du rat et de la grenouille (2). »

---

(1) C'est la lettre plus haut reproduite.

(2) Fable d'Esope. Cosme fait allusion à Philippe qui veut s'emparer de la Corse pendant que Gênes et Florence s'en disputent la possession, et le compare au milan qui fond sur le rat et la grenouille et les mange tous deux.

Et plus bas :

« Il est évident que Sampiero succombera. Chiappino (1) est un Génois renforcé. L'infanterie a été défaite et il y eu 800 hommes tués. Nous le tenons de plusieurs personnes, mais ce qu'il y a de singulier, c'est que les Génois ne se fieront pas à lui. Comme il a le nez long.......

» S'il va en Corse avec de pareilles forces, il y perdra sa réputation.

» Je renvoie la copie de la lettre. — Si le roi dissimule et s'il y a quelque pratique cachéé, on agit de telle manière que les aveugles mêmes s'en aperçoivent ; s'il dit vrai, je ne vis jamais une résolution plus pitoyable. »

Ce fut dans ces mêmes jours que le Duc répondit à la lettre du Roi ; il le fit en peu de mots, et sans élever la moindre observation, il lui écrivit qu'il ne manquerait pas de se conformer à ses ordres. Il écrivit aussi à Sampiero et l'informa de l'impossibilité dans laquelle il se trouvait, par suite de la résolution de Philippe, de lui venir en aide et d'accepter ses offres. Nous n'avons pas trouvé cette lettre dans la collection de M. de Caraffa, mais Galluzzi nous en donne le passage important et nous le reproduisons.

Le Duc au Roi Philippe

« Pise, le 27 novembre 1564.

» Je ne manquerai pas de faire tout ce que Sa Majesté m'ordonne au sujet des affaires de la Corse. La flotte de don Garcia était déjà arrivée quand je reçus la lettre de S. M., et,

---

(1) Chiappino Vitelli avait épousé à Gênes Eléonore Cibo, femme du malheureux comte de Fiesque.

comme par suite du peu de provisions qu'il avait trouvées à Gênes, il ne pouvait transporter en bon état ses troupes en Corse, je lui ai fourni le biscuit qu'il m'a demandé. Il est resté un jour à Livourne, et a mis ensuite à la voile. Jean-André Doria est arrivé en Corse et il se dispose à s'emparer de Portovecchio. » (V. *Append.* 34.)

Le Duc à Sampiero

« . . . . . Nous n'avons pas voulu accepter de pareilles offres, et maintenant nous pouvons d'autant moins le faire que le Roi d'Espagne, avec lequel nous avons nos traités, a déclaré, sur l'insistance des Génois, qu'il voulait leur venir en aide. Désirant la tranquillité de votre Ile, nous regrettons vos peines et celles des gentilshommes et peuples de votre Ile. Nous gardons cependant à votre personne en particulier, à ces gentilshommes et à ces peuples notre bonne affection. » (V. *Append.* 35.)

Ainsi s'expliquait le refus que, sous l'apparence de l'intérêt général et de la paix publique, Philippe opposait aux propositions des Corses et à la demande que lui adressait le Duc. Il devenait de plus en plus évident que le Roi allait laisser aux Génois le poids et les frais de la guerre, espérant que ceux-ci, ne pouvant y suffire, seraient bientôt réduits à se reconnaître impuissants à garder la Corse. Dès lors, l'intervention directe des Espagnols et la prise de possession de l'Ile paraîtrait justifiée (1). Quelque caché qu'en fût le des-

---

(1) Philippe II prenait le titre de Roi de Corse, à l'exemple des rois d'Aragon dont il était l'héritier, et qui en avaient reçu l'investiture du Souverain Pontife, ce qui lui faisait dire avec raison que le titre de Roi de Corse lui rapportait autant que ce que les Génois tiraient du domaine utile de cette île. — GREG. LETI. *Vie de Philippe II.* Tome 3.

sein, il ne pouvait échapper à un prince aussi avisé que Cosme. D'ailleurs, les observations de don François rapportées dans la dernière lettre de Concini ne laissaient aucun doute à cet égard. Qu'on se rappelle les ordres donnés à don Garcia et la lettre au marquis de Pescaire. On y voit que Philippe se propose d'envoyer en Corse un corps de troupes considérable, et cependant l'expédition se réduit à peu de chose. Don Garcia qui devait y amener des soldats de Naples, de Sicile, et le tiers de Lombardie y envoie à peine quinze cents hommes et reprend la mer.

Le marquis de Pescaire, pour une raison ou pour une autre, se dispense de venir prendre le commandement de son armée; le tiers même de Lombardie qui se trouvait déjà dans l'île en est bientôt rappelé. Comment expliquer ces retards, cette inexécution des ordres souverains, si le Roi lui-même n'y avait pas consenti? Quant aux démonstrations d'amitié que Philippe faisait aux Génois, Cosme les comptait pour peu de chose, et le Prince Don François avait raison de dire : « que si Sa Majesté Catholique avait répondu comme Elle l'avait fait, c'est qu'Elle ne voulait pas que le Duc pût le soupçonner de convoiter le bien d'autrui. »

Une lettre que le duc de Piombino écrivait à cette époque au Duc confirme toutes ces appréciations et montre que les Espagnols, très mécontents de cette guerre, disaient hautement que le Roi était la dupe des Génois. Or, ce n'était pas d'ordinaire le rôle que Philippe entendait jouer vis-à-vis de ses amis ou de ses alliés.

Le Seigneur de Piombino au Duc

« Livourne, 14 décembre 1564.

» Hier, vers trois heures de la nuit, deux galères venant des côtes de la Corse ont passé par ici, et, d'après ce que nous

a rapporté une barque que les a rencontrées, elles appartiennent à Jean-André Doria. Comme elles ne se sont pas ar-
rêtées, il n'a pas été possible d'avoir des nouvelles. Ce matin
sont arrivées les cinq galères de Rhodes. Sur une de ces galères il y avait un Espagnol, chevalier de St-Jacques, qui va
en Corse en qualité de mestre de camp. En causant de ce qui
se passe à Gênes, il me paraît fort mécontent, disant que les
Génois ne prennent pas au sérieux cette guerre, à ce point
qu'ils semblent ne point s'en préoccuper, et que Sa Majesté en
reste la dupe ; il a ajouté que s'il a des frais à faire dans cette
entreprise, il est juste que ce qu'il aura acquis lui appartienne,
et il l'a répété à l'ambassadeur et à la Seigneurie. Il dit aussi
à Gênes qu'on attendait le marquis de Pescaire ; que quant à
lui, il devait passer en Corse avec différents corps d'infanterie ;
que les Génois ont promis à Sa Majesté que le Marquis y trou-
verait dix mille soldats Italiens, mais qu'il s'aperçoit qu'ils ne
s'y trouvent pas et qu'on ne les y enverra pas, tellement qu'il
croit que le marquis de Pescaire n'ira pas en Corse. Il ajoute
enfin que lorsque S. M. l'a expédié de la Cour, elle lui a ordonné de faire rentrer le tiers de Lombardie qui se trouve
en Corse. Il me semble que cet homme est très bienveillant
pour les Corses. » (V. *Append.* 36.)

Nous n'avons plus rien d'intéressant à relever pendant
l'année 1564. Pour les années 1565 et 1566, le recueil de la
bibliothèque de Bastia ne contient qu'une seule lettre, celle
que Sampiero écrivit le 14 Avril, de Giussani, à Aurèle Fregose. Celui-ci, comme on l'a vu, avait été déjà mêlé aux affaires de la Corse et s'était de tout temps montré favorable
aux desseins du Duc. Lors de l'ambassade de Montauto, il
s'était même adressé à Philippe et avait imploré sa protection en faveur des Corses. Le Roi qui appréciait sa valeur,
avait dit en recevant sa lettre : « *egli è un buon soldato e una
buona testa*, » mais il n'avait pas plus cédé à ses prières qu'aux

instances de Cosme (1). La lettre dont il s'agit, publiée en partie par Galluzzi, a été insérée dans les notes sur Filippini par Gregori. M. de Caraffa nous la donne en entier et il faut s'y arrêter. Elle prouve que, malgré les ordres de Philippe, Cosme n'avait pas entièrement abandonné ses projets sur l'Ile et qu'il y entretenait ses anciennes relations. Sampiero, de son côté, n'avait pas renoncé à tout espoir ; il pensait encore que le Duc aurait accepté la souveraineté qui lui était offerte, si non pour lui du moins pour le Prince Don François.

Sampiero à Aurèle Fregose

« Giussani, le 14 avril 1565.

» Votre Seigneurie ne s'étonnera pas si je ne lui ai pas écrit depuis plusieurs mois. La difficulté de faire passer mes lettres en a été le seul motif, car j'ai toujours désiré et je désire lui donner de nos nouvelles, et, puisque j'ai cette bonne occasion, je crois devoir lui écrire ce peu de lignes, et lui faire savoir que nous avons pris le château de Corte, placé au centre de l'Ile et très fortifié. Il est arrivé vingt-deux galères portant deux mille Espagnols qui se sont à l'improviste rendus maîtres de Portovecchio. De là on a transporté l'artillerie devant le château d'Istria, et quatre mille soldats en ont fait le siége. Le château a été pris par la faute de celui qui le commandait et qui l'a abandonné par peur. Les ennemis y ont mis 70 soldats et en ont placé 170 à Sartene. Les galères ensuite sont parties ; trois se sont perdues. Après tout cela j'allai faire le siège de Sartene ; je m'en emparai dans l'espace

(1) Extrait d'une lettre de Concini au Duc du 24 novembre 1564.

d'un mois, et nous mîmes en pièces tous les soldats : *e ta-gliamo a pezzi tutti li soldati*. De là nous nous dirigeâmes vers le château d'Istria avec deux cents Corses ; tous les sol-dats furent jetés dans un puits ; ce fut leur sépulture, *e posi-mo i soldati in una cisterna per loro sepultura*. Et comme il nous a paru à propos de convoquer une Assemblée générale, tous ou presque tous les Seigneurs Caporaux, les gentilshom-mes et les populations y sont accourus, et tous d'accord et à l'unanimité ont demandé pour Seigneur et Maître Son Excel-lence Illustrissime. Aussi, pour répondre aux désirs qu'ils ma-nifestent et qu'ils ont manifesté dès le commencement, j'ai cru devoir vous envoyer ce messager, afin qu'on puisse arrêter avec S. E. I. ce qui sera nécessaire. Je prie Votre Excellence de m'approuver, aussi bien je tiens pour sûr qu'Elle mettra tout en œuvre pour engager S. E· I. à accepter soit ouverte-ment, soit en secret cette proposition, parce que, avec un peu d'aide, c'est-à-dire avec l'aide de Dieu, nous arriverons à nos fins. Et si Son Excellence ne veut pas y consentir, ce que je ne crois pas, Votre Seigneurié pourra insister auprès du Prince, afin qu'il accepte cette occasion et l'entreprise. Si S. E. I. y consent, je désire qu'Elle envoie en Corse Votre Ex-cellence ou quelque autre de sa confiance pour arrêter les conventions que nous ferons, de telle manière qu'Elle sera contente. Et comme je suis certain que vous ne négligerez rien, j'attends votre chère réponse. Je me recommande à elle de tout mon cœur, et je lui souhaite toutes sortes de prospé-rités et de satisfactions. » (V. *Append.* 37.)

Il n'était guère possible au Duc de reprendre avec quelque chance de succès les négociations avec Sampiero et de lui venir en aide : aussi sa lettre n'eut-elle aucune suite. Il fallait attendre que les circonstances fussent plus favorables pour réaliser le projet qui occupait l'un et l'autre depuis si long-temps. Cosme néanmoins ne cessait de suivre jour par jour la guerre de Corse, d'entretenir les bonnes dispositions du pays à son égard et d'accueillir tous ceux qui forcés de s'en éloigner venaient se refugier en Toscane. « Les avis que vous nous avez donnés sur les affaires de Corse par votre lettre du 14, écrit-il à Baroncelli le 15 octobre 1565, nous ont fait plaisir, et il nous plaira que vous continuiez à nous tenir informé de ce qui peut nous intéresser. » (V. *Append.* 38.)

Et le 26 du même mois :

« Quant aux hommes qui viennent de Corse avec l'intention de s'arrêter et de demeurer à Livourne, je ne vous dirai rien autre chose, sinon que s'ils viennent, nous sommes décidés à les recevoir volontiers et à leur faire bon accueil. » (V. *Append.* 39.)

Mais il avait beau user d'une prudence de plus en plus grande dans sa conduite et dans ses relations avec les Corses, ses pratiques n'échappaient pas à ses ennemis et aux princes Italiens jaloux de ses agrandissements. Laurent Priuli, ambassadeur de Venise en Toscane, en 1566, dans son rapport fait au Sénat, signalait les vues du Duc sur la Corse, et bien que ces renseignements qu'il communiquait à son gouvernement fussent en partie inexacts, on voit que ses agissements étaient connus et signalés.

« Les Génois, écrit l'ambassadeur, ne sont pas rassurés, parce que ce Duc a tenté de leur enlever Sarzana qui appartenait anciennement à Florence, et ils savent aussi que maintenant, en sa qualité de Seigneur de Pise, il prétend exercer ses droits sur la Corse, pour avoir été possédée par les Pisans. Dès les premiers jours du soulèvement de l'Ile par Sampiero Corso, il envoya un de ses gentilshommes en Espagne pour proposer au Roi d'envoyer ses galères en Corse avec des troupes, afin de chasser Sampiero et de défendre l'Ile au nom de sa Majesté: c'est pourquoi si les Génois ne vivaient pas sous la

protection du Roi Catholique, il est certain qu'il leur serait
arrivé quelque inconvénient (1). »

Cependant la guerre entre les Corses et les Génois se poursuivait avec une violence et une férocité inouies. L'histoire
offre peu d'exemples d'une pareille extermination. Les lois de
la guerre n'étaient pas observées. Les Corses pris les armes à
la main, traités, non en ennemis, mais en rebelles, étaient
mis à mort; les prisonniers de quelque importance envoyés
sur les galères et soumis aux traitements les plus barbares.
Partout des massacres, des incendies, des dévastations. Les
Corses, de leur côté, étaient inexorables : il n'y avait pas de
quartier pour les Génois. Altobello de Gentili, blessé de deux
coups d'arquebuse dans un combat, et se croyant près de
mourir, se fit amener tous les prisonniers génois et les poi-
gnarda de sa main. Antoine de St-Florent, à Vescovato, livra
à des chiens féroces qui le mirent en pièces, un de ses prisonniers, le capitaine Hector Raveschiero; et comme celui-ci lui
reprochait sa férocité, le Corse lui rappela la mort de l'un de
ses amis, Paris, de St-Florent, qui, quelques jours auparavant,
fait prisonnier par les Génois, avait été pendu aux vergues
d'une frégate et exposé au tir des arquebusiers ; puis il mit fin

---

(1) « Li Genovesi stanno in timore di questo duca, perchè ha tentato di
tor loro Sarzana, che già soleva essere dei Fiorentini, e medesimamente
sanno che per essere stata Corsica dei Pisani, ora come padrone di Pisa,
pretende il Signor Duca anche su quella ; e già sino dai primi moti di San
Piero Corso in quell'isola, mandò un suo gentiluomo in Ispagna ad offerire
al re di mandare le sue galere in Corsica con genti per scacciar San Piero
e mantenere e difender l'Isola in nome di Sua Maestà, onde se i Genovesi
non vivessero sotto l'ombra del re Cattolico, è certo che interveniva loro
qualche travaglio. » — ALBERI. *Relazione di Firenze dal Chiarissimo M.*
Lorenzo Priuli, ritornato ambasciatore l'anno 1566. Série II, volume II,
pages 85 et 86.

à ses souffrances en le tuant de sa main (1). Sampiero s'étant emparé de quelques capitaines corses, qui avaient suivi les Génois, en mit à mort lui-même quelques-uns de sang-froid, et menaça de pendre les autres dans leurs propres villages (2). A Vescovato, il jeta dans le feu des Génois tombés dans ses mains, et dit aux soldats des autres nations de s'en retourner chez eux, parce qu'il les traiterait de la même manière, s'il les reprenait une autre fois (3). Les femmes surtout commettaient sur les prisonniers et les blessés des cruautés inouies (4). La guerre enfin se faisait partout aux cris de : *Libertà ! carne ! carne !*

Cette lutte effroyable devait bientôt cesser. Le 17 janvier 1567, Sampiero, escorté de son jeune fils, Alphonse d'Ornano, et de quelques serviteurs, se trouva tout-à-coup en face d'un parti considérable de Corses et de Génois. L'intrépide vieillard ordonnant à son fils de s'enfuir, engagea aussitôt le combat, mais frappé par un des siens, et par derrière, il tomba. Les ennemis l'achevèrent et lui coupèrent la tête qui fut envoyée au Commissaire Génois à Ajaccio.

Ce n'est pas ici le lieu de faire l'éloge de Sampiero. Il a été tracé par les historiens français et italiens, notamment par Casoni, en termes tels que nous ne pourrions rien y ajouter.

Qu'il nous suffise de dire que, serviteur fidèle et reconnaissant de la France, il n'eut d'abord qu'un dessein, celui de placer la Corse sous sa protection et sous sa souveraineté. Tous ses efforts échouèrent de ce côté. Obligée de respecter les clauses du traité de Câteau-Cambrésis, engagée dans des guerres religieuses qui l'épuisaient, la France, malgré sa bonne volonté et l'intérêt qu'elle portait aux Corses, ne se

---

(1) Filippini.
(2) Lettre de Baroncelli au Prince. 13 juillet 1564.
(3) Lettre de Baroncelli au Prince. 14 juillet 1564.
(4) Lettre écrite de Bastia au Prince. 13 juillet 1564.

trouva plus en mesure de les soutenir contre les forces génoises et espagnoles qu'elle aurait rencontrées dans l'Ile.
C'est alors que Sampiero se tourna vers Cosme de Médicis,
et si, avec le consentement de tous les Seigneurs, gentilshommes et peuples du pays, il lui offrit la Corse, c'est que ne
pouvant résister à tant de forces réunies, il espérait, sous la
réserve de conditions favorables et nettement définies qu'il
aurait obtenues de ce Prince juste et éclairé, se débarrasser
des Génois, et assurer enfin à sa patrie, après tant de guerres,
de désordres et de misères, la paix et le repos dont elle avait
besoin.

L'œuvre de Sampiero fut donc irréprochable ; elle témoigne
de son patriotisme et de ses qualités militaires, aussi bien que
de son sens politique.

CHAPITRE IV

17 JANVIER 1567 - 31 DÉCEMBRE 1569

Sampiero mort, les Corses proclamèrent son fils, Alphonse d'Ornano, et se disposèrent à continuer la lutte. Il ne leur était pas possible cependant, sans quelques secours étrangers, de résister aux Génois. Alphonse le comprit; dès le lendemain de la mort de son père, il envoya à Florence son secrétaire et le chargea, au nom des Corses, d'offrir de nouveau à Cosme la souveraineté de l'Ile. Mais la situation n'avait pas changé depuis trois ans. Le Duc, comme par le passé, se trouvait dans l'impossibilité de prendre une décision. C'était encore à Madrid qu'il fallait demander un consentement que les circonstances rendaient plus difficile à obtenir. Philippe avait, en effet, resserré ses relations avec les Génois. Il préparait, comme une guerre sainte, son expédition des Pays-Bas; la République devait lui fournir, sous le commandement de Jean André Doria ses meilleures galères, et le duc d'Albe choisi comme chef de l'armée, prêt à mettre à la voile à Carthagène, se disposait à venir sur le territoire de Gênes établir son quartier-général, et réunir toutes ses troupes, avant de passer les Alpes.

Le Duc ne se faisait donc guère d'illusions sur la nouvelle démarche qu'il allait tenter auprès de Philippe II. Il lui écrivit, mais, comme d'habitude, il prit du temps et se borna à l'informer de la mort de Sampiero, se réservant de lui rendre compte plus longuement des affaires de la Corse, dès que le secrétaire d'Alphonse, chargé d'après ses prévisions de lui renouveler les mêmes offres qui lui avaient été faites par Sampiero, aurait expliqué l'objet de sa mission. Le Duc qui était tenace ne se tint pas pour battu d'avance, et, ne voulant rien négliger de ce qui pouvait servir à ses intérêts, établit Aurèle Fregose à Porto-Ferrajo, afin qu'il pût entrer de plus près en relations avec les Corses, et envoya un de ses agents dans l'Ile, pour s'assurer de leurs intentions, et les maintenir dans leurs bonnes dispositions. En même temps il adressa, ainsi que le Prince, ses plus affectueuses condoléances à Alphonse.

Cosme au Roi Catholique

« Florence, le 6 février 1567.

» Au moment du départ de ce courrier, j'arrivais de la campagne, et, comme j'assistais à certaines fêtes du carnaval, on est venu me dire qu'une personne d'importance avait été envoyée ici par le fils de Sampiero, pour me communiquer, après la mort de son père, quelques unes de ses idées et de ses desseins au sujet des affaires de la Corse. Je prévois que la mission de cet homme a pour objet de me renouveler les mêmes offres qui m'ont été faites par Sampiero, et que j'ai, dès le commencement, fait connaître à V. M. J'apprendrai le motif qu'il me dira de vive voix, et je lui en rendrai un compte fidèle. En attendant, comme je n'ai pas voulu retenir le courrier, j'ai voulu qu'Elle fût informée de ce qui se passe jusqu'à présent, Sa Majesté devant être tenue au courant de ce que je fais. » (V. *Append.* 40.)

Le Duc au Seigneur Alphonse d'Ornano, fils de Sampiero.

« Florence, le 18 février 1567.

» L'ancienne dépendance de Sampiero, votre père, envers le mien et le dévouement qu'il a toujours, ainsi que votre chère nation, montré pour nous et pour notre famille, nous ont fait éprouver une grande douleur en apprenant sa mort. Mais si vous devez être désolé de la mort d'un père si valeureux, vous devez d'un autre côté en être fier, et tirer une grande consolation d'être le fils d'un homme si illustre, en vous étudiant à l'imiter dans chacune de ses actions. Votre secrétaire nous a remis votre lettre du 18 du mois passé, et nous a rendu compte de tout ce qui est arrivé, ce qui nous a fait une grande peine; de plus, il nous a exposé l'objet de sa mission. Pour ce qui vous regarde personnellement, tenez pour certain que nous avons reporté sur vous toute l'affection que nous avions pour Sampiero, et que nous sommes prêt à vous en faire sentir les effets en toute circonstance, vous remerciant de vos prévenances et de vos propositions si affectueuses, en vous donnant l'assurance que notre maison vous sera toujours ouverte, et que vous y trouverez tous les avantages que vous penserez devoir vous convenir, comme aussi un rang honorable auprès de nous, parce que c'est notre habitude de nous comporter ainsi vis-à-vis de nos amis vivants ou morts, au nombre desquels nous vous placerons toujours au premier rang. Pour le reste, toutes les fois que nous connaîtrons quelles sont les intentions de votre nation, qui nous est si chère, elle s'apercevra de notre bonne volonté et du souvenir que nous conservons des favorables dispositions qu'elle nous témoigne.

A cet effet, nous envoyons Aurèle Fregose à Porto-Ferrajo, afin que, par son entremise, je puisse plus aisément connaître l'intention et les désirs de votre peuple pour lequel nous avons autant de bonne volonté et d'affection qu'il en a pour nous, ainsi que le dit Seigneur Fregose et votre secrétaire pourront plus longuement vous le confirmer. » (V. *Append.* 41.)

Le Prince au Seigneur Alphonse d'Ornano

« Florence, le 18 février 1567.

» Par la lettre du Duc, mon Seigneur, vous verrez ce qui a été décidé au sujet de la mission de votre secrétaire qui nous a remis à tous deux vos lettres du 18 du mois passé ; aussi je n'ai rien à vous dire, sinon que j'agrée votre affection et votre désir d'être aussi dévoué que le Seigneur, votre père, (qu'il soit au Ciel) à notre personne et à notre famille, auprès de laquelle nous vous assurons que vous trouverez toujours des honneurs et des avantages de toute sorte. Vous pouvez également donner l'assurance à votre très chère nation que nous nous souviendrons éternellement de ses bonnes disposi- tions à notre égard, et qu'en toute occasion nous la payerons largement de retour, parce que nous ne sommes pas des ingrats vis-à-vis de ceux qui nous aiment, et que nous mon- trons notre amitié par les actes et par les effets plus que par les paroles. » (V. *Append.* 42.)

Enfin, le 23 février, le Duc se décida à écrire à Philippe II. Sa lettre, d'une habileté consommée, contenait encore toutes les raisons capables de persuader le Roi. Il lui représentait que les Corses étaient plus forts et plus unis que du temps de Sampiero, et qu'ils étaient résolus de mourir, comme les habitants de Sagonte, plutôt que de se soumettre ; que le continuel exercice de la guerre les avait rendus d'excellents soldats ; qu'ils étaient douze mille en état de porter les armes, et qu'ils prendraient bientôt l'offensive contre les Génois dont ils ne faisaient plus de cas. Il ajoutait qu'Alphonse le priait de les prendre sous sa protection, parce qu'autrement ils se donneraient aux Français ou qu'ils appelleraient les Turcs ; et avec une décision qu'il n'avait pas encore montrée vis-à-vis d'un Prince aussi ombrageux et aussi susceptible que Philippe, il l'informa qu'il avait déjà envoyé en Corse un agent chargé de faire connaître ses bonnes intentions aux Corses, et de leur annoncer qu'il prendrait une décision, lorsqu'il aurait constaté que le sentiment général du pays était en sa faveur. Le Duc s'adressa aussi, et pour la seconde fois, à l'empereur Maximilien, en prenant une attitude plus résolue encore ; il lui annonça que, dès qu'il se serait entendu avec quelques-uns des autres chefs de la Corse et qu'il aurait leur procuration authentique, il se déciderait, comme il le jugerait à propos.

Le Duc à Philippe II

« Le 23 février 1567.

» Au moment où je pensais que la mort de Sampiero avait mis fin aux troubles de la Corse, je m'aperçois qu'ils s'aggravent plus que jamais. Alphonse d'Ornano, son fils, au nom de ses partisans, me fait connaître, par sa lettre du mois passé, la mort de son père, et me prie de lui témoigner la même affection, s'en remettant, en outre, à tout ce que me dirait son secrétaire qui m'a apporté sa lettre, il y a quelques jours, ainsi que je l'ai écrit à V. M. Ce secrétaire m'apprend que les Corses ont

prêté serment de fidélité à Alphonse, en lui promettant de
vouloir mourir plutôt que de revenir à l'obéissance des Génois,
ajoutant que, bien que Sampiero soit mort, l'influence et
l'autorité du fils n'ont point pour cela diminué. Il affirme
que cette influence s'est accrue, parce que quelques-uns des
chefs qui n'étaient pas d'accord avec le père, se sont rapprochés du fils et l'ont mis à leur tête, pensant qu'ils pourraient partager l'autorité avec ce jeune homme, et disposer de
lui, ce qui était différent avec Sampiero, (*con quel vecchio*),
de sorte que sa mort a produit l'union et fortifié la résolution
des Corses, plutôt qu'elle ne les a affaiblis. Aussi me prie-t-il
très chaleureusement de les prendre sous ma protection, me
représentant le désir qu'en témoigne toute cette Ile, parce
qu'elle a toujours été dévouée à mon père et à ma maison,
me signifiant que, si je n'accepte pas ces offres faites librement et inspirées par l'amitié, il était chargé de se rendre en
France, et de faire les mêmes propositions à leurs Majestés
Très-Chrétiennes, à l'adresse desquelles j'ai vu les lettres
mêmes, et si Elles refusent, ce que je ne crois pas, sachant
qu'Elles seules ont toujours secouru Sampiero, ce secrétaire
m'assure qu'il est décidé, ainsi que tous les autres Corses, à
appeler les Turcs et à soumettre leur patrie au pouvoir des
Infidèles. Je l'ai retenu ici, ces quelques jours, pour bien le
sonder et voir s'il persistait dans son dessein, et comme je
trouve qu'il ne tient constamment qu'un même langage, tout
en le gardant près de moi, j'ai envoyé en Corse un de ses amis
avec de bonnes paroles et avec ordre de faire connaître mes
bonnes intentions, et de dire que, lorsque je verrai le sentiment général des Corses se manifester tout autrement que
par des paroles d'un envoyé et par la lettre d'Alphonse, je
déciderai alors ce que je voudrai faire. J'ai agi ainsi pour deux
raisons, d'abord, pour empêcher le secrétaire d'Alphonse de
se rendre auprès du Roi Très-Chrétien qui de tout temps a
fomenté et favorisé les révoltes, ayant été informé de plu-

sieurs côtés que cette Majesté leur a fourni entre autres choses 25,000 écus et plus, ensuite pour pouvoir en informer V. M., puisque, lui ayant voué mes Etats et ma vie, j'entends ne jamais rien faire sans son intervention et en dehors de son service, si bien que tout ce que j'aurai sera toujours à sa disposition; car, si tel n'était pas le fond de ma pensée, et si je désirais et convoitais le bien des autres, j'aurais accepté la proposition qui m'était faite, pour agir ensuite d'après les ordres de S. M. Elle sait maintenant ce qui se passe, et Elle examinera avec sa haute prudence ce qui lui convient. Qu'Elle considère que les Corses sont résolus de suivre l'exemple des habitants de Sagonte, plutôt que de subir les conditions des Génois, si bien que, si on ne leur donne pas satisfaction, ils se donneront aux Français et aux Turcs, et si cela arrive, il en résultera un grand trouble pour les Etats de V. M. Quant à moi, outre que je suis un de ses principaux amis et serviteurs, je suis si rapproché de la Corse, que je me trouverai toujours inquiété, attaqué et exposé à de fortes dépenses qui ne pour-raient que nuire au service de S. M., et lui déplaire, si par suite de l'occupation de la Corse par les Français ou les Turcs, V. M. était forcée d'y envoyer des troupes; Elle comprendrait facilement, avec sa haute intelligence, combien la révolte des Pays-Bas s'en ressentirait, et quels troubles se produiraient en Sardaigne et autres lieux de ses Etats, tandis que si j'acceptais les offres que me font les Corses, j'assurerais les affaires de S. M. On ne donnerait pas à l'ennemi l'occasion de s'avancer et de s'approcher du cœur de ses Royaumes et Etats, et l'on ne mécontenterait pas les Génois, puisqu'ils verraient s'éloigner un ennemi qui ne consentirait pas à s'arrêter aux seules limites de la Corse. J'ajoute que tout peut se faire sans innova-tion et sans mettre la main à la besogne, car il suffit aux Corses qu'ils aient la protection qu'ils désirent, et qu'ils sachent qu'ils auront un Seigneur. Quant au secours, il n'est pas nécessaire que je me découvre, parce que les Corses ne font aucun cas des Génois seuls ; bien plus, ils espèrent s'emparer, chaque jour, de quelque place forte, soit qu'ils se sentent unis, soit que, soldats par nature, ils soient aujourd'hui devenus plus redoutables, à cause du continuel exercice que leur ont imposé les nécessités de la guerre. Votre Majesté peut se persuader qu'ils sont 12,000 en état de porter les armes et qui combattent pour leurs biens. De sorte que, pendant une année, personne ne s'apercevrait du changement, parce que non seulement ils seraient en état de se défendre, mais qu'ils prendraient l'offensive. Ainsi, que V. M., le tout bien considéré, me commande ce qu'il lui plaira que je fasse, car pour la servir, et pour me garantir de tout danger qui me menacerait de la part des Français et des Turcs, je n'épargnerai aucun soin et ne tiendrai compte d'aucune considération, V. M. pouvant être assurée qu'elle est la maîtresse absolue de tout ce qui m'appartient. J'envoie ce courrier en toute hâte pour recevoir une prompte réponse, car s'il y avait un retard, les Corses pourraient croire qu'on les trompe, et donner suite à leurs autres projets. Ces projets seraient interrompus, si je prenais les Corses sous ma protection, que je pourrai leur accorder, sans amener ni troubles ni changements, et dans une occasion si favorable que pour rien au monde il ne faudrait perdre, puisqu'elle se présente avec tant de facilité, et avec un si grand désavantage pour ceux qui ne m'aiment point et pour les ennemis de V. M. Elle doit avoir reçu d'autres avertissements à ce sujet, et Elle se rendra aisément compte de leurs intentions d'après les copies des lettres ci-jointes que j'ai en main, et qui nous ont si souvent éclairés sur les véritables secrets et les façons d'agir des Français et des Turcs. Que V. M. fasse ce qui convient le mieux à son service ; quant à moi, pour ce que je puis et pour ce que je pourrai, il me suffit qu'Elle voie dans mon cœur la volonté et le profond désir que j'ai de la servir, et, bien qu'une fois déjà, je me sois expliqué à ce sujet, j'ai voulu cependant les lui renouveler,

dans les circonstances nouvelles, parce qu'il me paraît que
les temps et les conditions pourraient ne plus être les mêmes,
et je préfère, dans une si importante affaire, qu'on m'accuse
plutôt d'être importun que d'être trop négligent. » (V.
Append. 43.)

Le Duc à l'Empereur Maximilien

« Florence, le 28 février 1567.

» C'est mon devoir, outre la promesse que j'en ai faite à
V. M., puisque je l'ai prise pour Souverain, Seigneur et
Maître, de lui rendre compte de chacune de mes actions. Je
suis certain que S. M. se rappelle l'offre que me fit Sampiero
et la réponse qu'Elle eut la bonté de m'adresser. Sampiero
est mort, il y a quelques semaines, et je pensais réellement
que ce chef d'une si grande valeur étant disparu, les affaires
de la Corse se seraient jusqu'à un certain point arrangées.
Je vois cependant que c'est le contraire ; l'influence et l'autorité d'Alphonse, son fils, se sont accrues, tous les révoltés lui
ayant fait le serment de le suivre et de mourir, avec leurs
enfants, plutôt que de se soumettre à l'obéissance et au gouvernement des Génois. Tous les chefs qui n'étaient pas d'accord avec son père se sont rapprochés de ce jeune homme,
parce qu'ils le conseillent et le gouvernent, et qu'il leur
semble pouvoir le gouverner à leur manière. Maintenant il
m'a envoyé son secrétaire, avec une lettre de créance, et, en
souvenir du dévouement que Sampiero et toute la Corse ont
témoigné à notre maison, il m'annonce la mort de son père,
me priant d'avoir pour lui la même bonté, et il cherche à me
persuader de prendre cette Ile sous ma protection, me représentant l'inclination et la libre volonté de tous les Corses,

l'avantage que l'on tirerait de 12,000 hommes d'infanterie en
état de porter les armes, excellents soldats par nature et par
suite de leur continuel exercice, qui font d'ailleurs peu de
cas des forces des Génois auxquels ils se promettent de porter,
chaque jour, des coups, et de gagner du terrain plutôt que
d'en perdre un pouce. Il me signifie, en même temps, que si
je ne le fais pas, il appellera les Turcs et les Français, en me
montrant les lettres qu'il adresse à leurs Majestés Très-Chrétiennes. Je lui ai répondu très-poliment, et j'ai envoyé expressément en Corse quelqu'un pour l'en empêcher, l'assurant de
mes bonnes intentions que je ne pourrais mettre à exécution
sur une simple lettre, mais ajoutant qu'aussitôt que je me
serai entendu avec quelques-uns des autres chefs, et que
j'aurai vu leur procuration authentique, je me déciderais
comme je le jugerais à propos. J'ai agi ainsi pour retenir le
secrétaire, afin qu'il ne se rendît point en France, et que
j'eusse le temps d'en informer V. M., et de recevoir sa réponse. Elle daignera donc me la transmettre aussitôt par le
même courrier que je lui expédie en toute hâte. Qu'Elle considère, avec sa haute prudence, la perturbation et le dommage que me causerait le voisinage des Turcs et des Français
dont V. M. peut comprendre les intentions et les projets par
les renseignements ci-joints, et pour l'amitié qu'Elle témoigne
à notre maison, Elle voudra bien m'ordonner ce que j'ai à
faire, puisque les Corses ne demandent pas autre chose, et
qu'il n'y a rien à innover, sinon de leur donner l'assurance de
ma protection, étant en état par eux-mêmes de se défendre
contre les Génois qui ne devraient pas se plaindre, puisque
de toute manière, ils se trouveraient dépossédés par les
Français et les Turcs. Nous rappelons à V. M. que nous
sommes dans d'autres temps et dans d'autres conditions que
l'autre fois, quand je lui fis la même proposition. Quant à
moi et à mes enfants, qui sommes pour toujours ses serviteurs, nous nous mettons complètement à la libre disposition

de S. M. J'ai rendu compte de tout cela à Sa Majesté Catholique qui est une seule et même chose avec Elle. » (V. *Append.* 44.)

M. de Caraffa n'a retrouvé à Florence ni la réponse de Maximilien ni celle de Philippe II ; mais il a copié en entier la dépêche que le Chevalier de Nobili, alors ambassadeur du Duc à Madrid, adressa au Prince don François. Ce document important que Galluzzi n'a fait que résumer donne tous les détails de la négociation, et fait connaître qu'elle dût être la réponse du Roi. Philippe ne soumit pas cette affaire à son conseil ; il l'examina avec sa lenteur habituelle, et ne s'en entretint même pas avec le duc d'Albe dont il avait pris l'avis, lors de l'ambassade de Montauto. Ce fut seulement avec Ruy Gomez et Antonio Perez, son secrétaire, alors en haute faveur, que les affaires de Corse furent traitées (1).

----

(1) « La prudence habituelle de Philippe l'empêchait de prendre aucune mesure d'importance sans avoir préalablement demandé avis. Il n'y eut pas sous son règne moins de onze conseils, parmi lesquels il faut citer particulièrement ceux qui avaient dans leurs attributions la guerre, les finances, la justice et le Conseil d'Etat. Ce dernier, où se traitaient les affaires les plus importantes, jouissait d'une plus haute considération que les autres. Parmi les membres du conseil d'Etat, il y en avait deux qui s'élevaient au dessus des autres, le duc d'Albe et Ruy Gomez de Silva. L'Empereur paraît avoir redouté l'ascendant que le duc d'Albe pouvait un jour prendre sur son fils ; « le Duc, écrivait-il à Philippe, est l'homme d'Etat le plus habile et le meilleur soldat que je possède. Consultez-le seulement dans les affaires militaires, mais ne vous reposez entièrement sur lui ni dans ces matières ni dans d'autres. Ne vous reposez que sur vous-même. » Le conseil était bon et le Roi ne manqua pas d'en profiter. S'il demandait en toutes circonstances l'opinion des autres, c'était pour mieux former la sienne ; il était trop jaloux de son autorité pour la laisser dominer ou guider par un autre. » — PRESCOTT. *Histoire du règne de Philippe II.* T. V. p. 138.

Le Chevalier de Nobili au Prince don François

« Madrid, 20 Mars 1567.

» La lenteur avec laquelle toutes les affaires marchent ici fait que, quelle que soit la diligence qu'on y apporte, on arrive rarement à une prompte solution. Votre Excellence ne devra donc pas s'étonner si le courrier a été retenu ici pendant dix jours. Enfin, il est expédié et envoyé à V. E., et voici ce qui s'est passé. — Le courrier arriva ici, le 10, mais, comme j'avais été pris, à moitié chemin de Lisbonne, d'un flux de sang, autant par crainte qu'à cause du danger, je n'étais point de retour à la Cour. C'est pour cela qu'Oliverotto ouvrit le paquet, et voyant ce que V. E. S. mandait, il le présenta à Sa Majesté qui se disposait à monter en carrosse, et à partir pour le Pardo. S. M. ouvrit immédiatement les lettres, les lut et les mit dans sa poche, et, une fois monté en voiture, on vit qu'Elle les relut, pendant la route. Oliverotto remit également à Ruy Gomez les lettres qui lui étaient destinées. Il le reçut très-poliment, s'offrant de faire tout ce qui était possible pour le service de Votre Excellence, aussi bien que dans toutes les occasions qui pourraient se présenter, la remerciant, dans les termes les plus gracieux, de la bonne opinion qu'Elle a de lui. Sa Majesté séjourna au Pardo trois ou quatre jours, et pendant ce temps, on n'entendit pas que l'affaire eût été communiquée à aucun des membres du conseil ni à aucun des secrétaires. Cependant on pressait chaque jour Ruy Gomez pour qu'on prît une décision; il promettait toujours qu'il y veillerait et qu'il en aurait soin. J'arrivai, et je me rendis aussitôt chez Ruy Gomez avec lequel je m'entretins longuement au sujet de cette affaire, me conformant,

autant que je le croyais nécessaire, aux indications de la
copie de la lettre adressée à S. M., lui représentant combien
Votre Excellence avait justement raison de prévoir les nombreux désordres qui pourraient provenir de la mauvaise direc-
tion donnée aux affaires de la Corse ; et, par suite de mon
désir de servir les intérêts de S. M., comme aussi pour la
conservation de ceux de V. E., je lui proposai le moyen de
les garantir, qui était d'autant plus facile qu'il se présentait
de lui-même, m'étendant à ce sujet, autant que je le crus
à propos. — Ruy Gomez me répondit que S. M. serait toujours prête à favoriser l'agrandissement de V. E., mais que,
dans cette circonstance, Elle ne savait point comment Elle
pourrait consentir à ce que la Corse, qui était la propriété
des Génois, passât aux mains de V. E., sans que ceux-ci lui
en eussent donné le moindre motif, et qu'il ne lui semblait
pas qu'on pût, sans raison, enlever à un pour donner à un
autre. Je lui répliquai qu'il ne s'agissait pas d'enlever la
Corse aux Génois et de la donner à V. E., mais bien de l'ar-
racher des mains des Français ou des Turcs, ou des Luthé-
riens ou à sa prompte ruine, et que ce n'était pas par cette
seule considération qu'il fallait placer la Corse sous la garde
de V. E., mais parce que, comme on le royait, elle pouvait
être la cause de plus graves désordres, la Corse par elle-
même étant un pays de peu d'importance. Son Excellence me
répondit que sitôt que les Français ou les Turcs ou tout autre
auraient ouvertement commencé les hostilités de ce côté, Sa
Majesté se tenait assez forte pour leur casser la tête, et montrer à chacun que l'on ne doit pas exciter les révoltes ; qu'Elle
est prête à l'occasion à prendre la défense de V. E., que de
plus Elle est certaine que V. E., quand il le faudra, con-
courra avec Elle à châtier quiconque voudra intervenir en
Corse ; qu'il semble à Sa Majesté que le parti de San Piero
Corso est en état de pouvoir inquiéter les Génois, mais qu'il
n'a pas assez de forces pour donner à espérer à la France ou

à tout autre qu'on peut y faire des progrès importants, parce que les Corses n'ont pas de place fortifiée, et que c'est un peuple de montagnards : et que, lorsqu'à la fin personne ne les excitera ouvertement à la révolte, ils seront forcés de se soumettre une autre fois aux Génois, comme ils le doivent, et il ajouta ceci et autres choses du même genre que V. E. verra dans la lettre de S. M. et dans celle qu'il vous adresse. Ruy Gomez a encore ajouté qu'il aurait aimé que V. E. se fût montrée ouvertement irritée, comme elle l'a fait, de tous ces périls qui sont imminents, si on ne porte pas remède aux affaires de la Corse, en protestant aux Génois, et en déclarant à Sa Majesté que si Gênes ne fait pas tous ses efforts pour détruire ce nid de factieux, et ne cherche pas, enfin, avec toutes ses forces, à prévenir leurs desseins et à les accabler, en les attaquant vigoureusement, Votre Excellence sera forcée, en ce qui la regarde, de se préserver elle-même des dommages que pourrait causer à la Toscane la faiblesse des Génois, parce qu'il lui paraît dangereux pour la République et nuisible à ses intérêts de traîner en longueur et avec tant d'indolence cette affaire, et qu'il ne lui semble pas raisonnable non plus de supporter si longtemps ces dangers qui sont imminents, si la situation de la Corse ne vient pas à changer ; que si les Génois ne se décidaient pas à prendre, dans leur intérêt, les mesures nécessaires, ceux qui auraient à souffrir de leur négligence seraient forcés de s'en ressentir ; que V. E. était plus que tout autre exposée à ce péril, et qu'elle devait avec raison penser à ses intérêts, pouvant ainsi écarter facilement toute sorte de défiance. Ruy Gomez vous en dira davantage dans la lettre qu'il devra vous écrire et que vous recevrez avec la lettre de Sa Majesté et la mienne. Voilà ce qui s'est passé. L'affaire prend cette tournure, et si V. E. revient à la charge, je crois que Ruy Gomez nous sera favorable. Mais ce que surtout il m'a semblé comprendre, c'est que Sa Majesté ne veut pas tolérer que les Corses soient secré-

tement poussés à la révolte contre les Génois, parce qu'ils pourraient leur causer un trop grand préjudice. V. E. connaîtra
l'intention de S. M. par sa réponse, intention qu'Elle a communiquée seulement à Ruy Gomez, et au secrétaire Antonio
Perez. Le secret gardé sur cette affaire a donné beaucoup à
dire à cette Cour, et a fourni matière à bien des commentaires. Il est arrivé cependant qu'on y a vu clair, parce que,
lorsqu'on a su que le courrier avait évité Gênes et Milan, et
que des Corses étaient débarqués à Livourne, le plus grand
nombre a pénétré les desseins, bien que Sa Majesté ait agi en
cette affaire avec le plus grand secret. Lorsque V. E. répondra
encore à Sa Majesté et à Ruy Gomez, je ne manquerai pas
d'employer vis-à-vis d'eux tous mes moyens de persuasion. Je
n'oublierai point de dire combien S. M., en recevant la lettre
de V. E. et celle du Seigneur Duc, eut d'expressions affectueuses, comme aussi je ne manquerai pas de l'informer que
le Roi n'a pas, je crois, donné connaissance au duc d'Albe de
ces dernières affaires de la Corse. » (V. *Append.* 45.)

Ruy Gomez n'avait pas les rudesses et les manières hau-
taines du duc d'Albe ; de tous les ministres du Roi, c'était celui
qui était le plus poli et le plus affable. Mais quel que fût
l'intérêt qu'il eût témoigné pour le Duc, dans son entretien
avec de Nobili, celui-ci ne pouvait se tromper sur l'intention
bien arrêtée de Philippe ; Ruy Gomez avait exprimé dans les
termes les plus formels la décision prise par son maître de
considérer la Corse comme la propriété des Génois, et de
casser la tête, (*romper la testa*) à quiconque s'aviserait de
soulever les Corses contre eux. Le Duc qui n'était pas irréprochable de ce côté devait donc se tenir pour averti. La
réponse de Philippe, que nous n'avons pas, mais qu'il est
facile de comprendre, ne laissa du reste plus d'espoir à
Cosme. Elle dut être dure, impérieuse et conçue de manière
à ce qu'il abandonnât définitivement tout projet sur la Corse,

et qu'il rompît, pour ne plus désormais les reprendre, les négociations commencées. C'est ce qu'il fit. Le 18 avril, il signifia aux Douze, qui s'étaient adressés à lui, en même temps qu'à Alphonse d'Ornano, l'impossibilité dans laquelle il se trouvait de donner suite à leur demande et de leur venir en aide. « Certes, leur mandait-il, je n'aurais pas trompé la confiance que vos Seigneuries ont eue en moi, s'il avait été entièrement en mon pouvoir de leur venir en aide, parce que, étant profondément attaché à la Corse, qui fut de tout temps si dévouée à ma maison, j'aurais eu l'occasion de lui montrer ma reconnaissance et mon amitié. Elle connaîtra par le capitaine Vincent ce qui a empêché les effets de mes bonnes dispositions envers votre pays, et il les assurera de la peine que j'ai ressentie et de la nécessité qui me force de ne pouvoir donner suite à leur demande et à notre commun désir. Que Vos Seigneuries cependant soient certaines que la résolution qui a été arrêtée, quelque fâcheuse qu'elle leur paraîtra, a été prise dans leur intérêt et pour leur plus grand avantage. » (1)

Avec cette lettre se termine, d'après la collection de M. de Caraffa, ces longues négociations, et il n'apparaît plus que Cosme les ait reprises. De temps en temps seulement, de Nobili l'informe des démarches que l'ambassadeur de Gênes à Madrid fait auprès du Roi, pour l'engager à envoyer des troupes en Corse. C'est ainsi qu'au moment où le duc d'Albe mettait à la voile à Carthagène, avec trente galères que Jean-André Doria et Cosme avaient fournies, pour transporter au quartier général, à Gênes, l'armée Espagnole destinée à l'expédition des Pays-Bas, de Nobili avertit le prince don François que les Génois insistent auprès de Philippe, pour qu'au pas-

***

(1) GALLUZZI. Tome III, page 87.

sage il donne l'ordre à ses troupes de débarquer en Corse, afin de disperser les partisans d'Alphonse, et de ravager les récoltes de l'année.

« Madrid, 3 Mai 1567.

» . . . . . L'ambassadeur de Gênes a, ces jours derniers, entamé de longues négociations, et, autant que j'ai pu comprendre, il voudrait obtenir de Sa Majesté qu'au passage les galères et les troupes fissent une descente en Corse, pour disperser les rebelles et les partisans de Sampiero : il voudrait en somme qu'on se servît de ces troupes contre eux. Je ne crois pas qu'il l'obtienne, parce que si des troupes doivent aller avec le duc d'Albe, en Flandre, pour y tenir garnison, on y enverra les Espagnols qui se trouvent à Milan, et il faut que celles qui partent d'ici les remplacent, et si l'on doit entreprendre l'expédition d'Alger, il faudra bientôt qu'elles rentrent ici. » (V. *Append. 46.*)

De Nobili au Prince

« Madrid, 12 Mai 1568.

» J'ai appris que l'ambassadeur de Gênes demande très instamment à Sa Majesté qu'Elle mette à la disposition de la République, avant qu'elles passent en Flandre, les troupes espagnoles qui se trouvent en Italie, afin qu'elle puisse, à leur passage, s'en servir contre les Corses, parce que les Génois ont projeté, cette année, de ravager la récolte, afin qu'en agissant ainsi, pendant deux ou trois ans, ils réduisent les Corses à mourir de faim. Il paraît que c'est le genre de guerre qu'ils ont décidé d'employer contre eux, et, c'est pour ravager les récoltes de cette année, qu'ils demandent ces

troupes. On a discuté plusieurs fois en Conseil sur cette demande, mais on n'a encore rien résolu, bien qu'il semble
qu'on ait prêté l'oreille à la proposition. Je serai informé du
résultat qu'aura la négociation, et j'en donnerai l'avis détaillé
à Votre Excellence. » (V. *Append.* 47.)

Parfois de Nobili, pour s'assurer si Philippe persistait dans
sa résolution, entretenait encore Ruy Gomez des affaires de
la Corse, et lui signalait les embarras que causait à tous la
politique de Gênes. L'habile et prudent ministre, tout en paraissant entrer dans les vues de Cosme, se bornait à répondre
que le Roi devait avoir promis aux Gênois de leur assurer la
possession de la Corse, et qu'il ne convenait pas que le Roi
manquât à sa parole.

De Nobili au Prince

« Madrid, le 30 Mai 1567.

» J'ai remercié Ruy Gomez, ainsi que V. E. me l'a commandé, et, en même temps, j'ajoutai, à l'occasion des événements arrivés à Gênes, qu'il fallait considérer combien il importait d'abattre l'orgueil des hommes qui levaient tant la
tête, et que ces hommes étaient la cause de troubles dangereux qui favorisaient des maux plus difficiles encore à guérir,
si l'on n'y portait pas remède. Je lui dis d'autres choses encore
à ce sujet, en me conformant à ce que V. E. a écrit à S. M.
sur les affaires de la Corse. Il me répondit très-gracieusement
que ce que je disais était vrai, et que la mesure proposée par
V. E, sur les affaires de la Corse était excellente, mais qu'en
vérité il ne convenait pas à un Roi qui avait une fois fait des
promesses, de manquer à sa parole, me faisant comprendre

que Sa Majesté devait avoir promis aux Génois de ne pas
acquiescer à la demande de V. E. Je lui répliquai que les
conditions du temps et l'intérêt personnel font que les particuliers changent d'opinion, qu'il en est de même des rois, et
qu'il pouvait se faire que S. M. eût l'occasion de manquer
sur quelque point à sa parole ; que Son Excellence se rappelât
combien celle-ci pouvait se fier à elle, et qu'elle lui offrait
toutes garanties. Ruy Gomez me promit de veiller à cette
affaire, et de me tenir au courant de tout ce qui arriverait. Je
crois en sa parole parce qu'il me témoigne beaucoup d'amitié. » (V. *Append.* 48.)

De Nobili au Prince

« Madrid, 20 septembre 1567.

» J'ai envoyé ma dernière lettre, en date du 4 septembre,
par un courrier de l'ambassadeur de Gênes, expédié ici pour
obtenir que les galères de Jean-André prissent à Gênes des
troupes et deux petits canons, pour aller battre une tour cons-
truite par les Corses, près d'Ajaccio, et sous laquelle
viennent s'abriter quelques barques de Français qui portent
des vivres en Corse. L'inconvénient est de peu d'importance, et
il est facile de le faire disparaître. Quant à la guerre que les
Génois ont résolu de faire contre les Corses, elle consistera,
chaque année, à débarquer des troupes à l'improviste, à ravager les récoltes, à incendier le pays et à se retirer, et, par mer,
à empêcher autant que possible que des vaisseaux abordent
dans l'Ile, et à les assiéger par la faim, chose longue et qui,
d'après moi, ne durera pas longtemps. » (V.*Append.* 50.)

De Nobili au Prince

———

« Madrid, 7 octobre 1567.

» Comme on dit que le Turc prépare, cette année, une grosse armée navale, et qu'en même temps on annonce qu'elle doit venir s'emparer de la Corse, si V. E. I. est de cet avis, car autrement je ne me permettrai pas d'en dire un mot, je pourrai adroitement engager la question déjà soulevée sur les affaires de la Corse, soit avec Ruy Gomez, soit avec d'autres, ou avec qui je le croirais à propos, en leur montrant à quel péril on serait exposé, si on perdait la Corse, et quel dommage et quel trouble en résulteraient, si cela arrivait, pour les Etats de Votre Excellence. Je me règlerai d'après les ordres qu'Elle me donnera. » (*Append.* 51.)

De Nobili au Prince

———

« 21 octobre 1567.

» M'entretenant avec Ruy Gomez, dans son jardin, d'autres affaires, nous vînmes à traiter dans le cours de la conversation des affaires de Corse, et il me jura qu'il reconnaissait vraiment que toutes les propositions que V. E. avait faites à S. M. étaient justes, et qu'il était très satisfait que V. E. eût représenté les périls qui menacent les intérêts de Sa Majesté en Italie, la situation de la Corse, qui de cette manière est toujours sur le point de tomber au pouvoir des Français, et conséquemment les dangers auxquels sont exposés les Etats de V. E., si vivement convoités par les Français comme il le

savait bien ; parce que, me dit-il, lors de son dernier voyage
en France, il avait découvert à ce sujet les intentions de cette
Cour ; que S. E. avait agi sagement en faisant connaître son
opinion à S. M., et il louera V. E. toutes les fois qu'elle
agira ainsi. Ruy Gomez m'a assuré que S. M. était bien au
courant de tout, mais le grand désir qu'Elle a de laisser les
choses comme Elle les a trouvées, fait qu'Elle ne voudrait
introduire aucune nouveauté, au préjudice de qui que ce soit.
J'ai cru devoir informer V. E. de tout cela, afin que dans sa
très grande prudence, elle puisse en tirer tout le parti qu'elle
pourra, l'assurant que Ruy Gomez me montre beaucoup
d'amitié. » (V. *Append.* 52.)

De Nobili au Prince

« Madrid, 30 octobre 1567.

» Je ne manquerai pas de faire connaître à V. E. I. que
ces jours derniers, l'ambassadeur de Gênes a mis beaucoup
de diligence pour découvrir si, le traité concernant les galères
une fois expiré, V. E. voudra le continuer pour le service de
S. M., ou bien si elle est dans l'intention d'en désarmer une
partie ; et pour le savoir, je me suis servi de personnes qui
m'ont rapporté que toutes ces galères donnent dans les yeux,
et que V. E. les tient là, *per la gelosia delle cose di Corsica.*
La Seigneurie a l'intention d'en armer jusqu'à sept ou huit,
ou bien de les donner à des particuliers de Gênes, moyennant
salaire, comme c'est l'habitude du Roi. » (V. *Append.* 53.)

Il était de l'intérêt de Philippe de ménager l'amitié ou l'alliance de Cosme, qui était devenu à cette époque l'un des
princes les plus importants de l'Italie, et qui lui avait, de

tout temps, rendu de réels services, soit en lui fournissant de l'argent, soit en l'aidant avec ses galères et ses troupes dans les guerres de Corse, d'Afrique et des Flandres. Aussi Ruy Gomez usait-il, comme on voit, de tous les ménagements possibles vis-à-vis du Duc ; mais celui-ci n'en était pas la dupe ; malgré les bonnes paroles et les démonstrations du ministre qui paraissaient tant toucher l'ambassadeur Toscan, il voyait fort bien que le Roi ne reviendrait pas sur sa résolution, et il est permis d'affirmer qu'à ce moment Cosme avait définitivement renoncé à l'espoir de s'établir en Corse.

Un événement décisif vint d'ailleurs mettre un terme à cette longue affaire qui, depuis dix ans, occupait si laborieusement le Duc. Les Corses, après la mort de Sampiero, avaient continué la guerre sans succès. Le pays était ravagé, incendié, affamé. Ne pouvant plus désormais compter sur la protection de Cosme, secouru seulement et à grand peine de quelques sommes d'argent et d'une centaine de Gascons que lui avait envoyés le Roi de France, abandonné par plusieurs de ses partisans les plus influents qui avaient profité du pardon général accordé par Georges Doria, envoyé récemment en Corse, Alphonse se décida à entrer en pourparlers avec l'évêque de Sagone qui avait reçu mission de traiter. Un arrangement général fut conclu, et, après avoir obtenu que la République respecterait la vie et les biens de tous les Corses qui avaient pris part à la guerre, il s'embarqua, le 1er avril 1569, à Calvi, avec ses principaux capitaines, sur deux galères que Catherine de Médicis lui avait envoyées. Cosme, sans nul doute, apprit aussitôt la soumission du fils de Sampiero : de Nobili, de son côté, lui en donna avis de Madrid, où la nouvelle était promptement arrivée.

De Nobili au Prince

« Madrid, 19 avril 1569.

» Ici nous avons appris que les Corses rebelles se sont soumis aux Gênois. Il paraît que les Corses sortiront de l'île dans
le délai de cinquante jours avec tout ce qu'ils pourront emporter et avec leurs chiens (1). L'ambassadeur de Gênes me
dit que tout était arrêté, et que le délai courait déjà. » (V.
Append. 54.)

Le dernier document qui se trouve dans le recueil de M.
de Caraffa est encore une lettre de Nobili qui entretient encore
le Duc des affaires de la Corse, au moment où celle-ci était
retombée au pouvoir des Génois. Il n'était plus question de
la souveraineté pour lui, mais de la promesse que le Duc
d'Anjou, père du Roi, aurait faite aux Corses qui se trouvaient en France de se mettre à leur tête, et de passer en
Corse, où il avait envoyé de l'argent, et où il entretenait des
relations.

De Nobili au Prince

« Madrid, le 31 décembre 1569.

» Un Corse de qualité et de quelque importance a l'habitude de s'arrêter souvent chez moi. Il vend des marchandises,

---

(1) C'était, en effet, un des articles de l'arrangement; art. VII. — « Sup-
» plicherete che piacerà a S. Signoria di poter imbarcare un cavallo per uomo
» e qualche cane. »

mais il me paraît homme de résolution. Il fait son commerce
tantôt en Italie, tantôt en France, et parfois il passe quelques
mois à Madrid, Il n'a pas été satisfait de l'arrangement que
les Corses viennent de faire, et, causant avec moi, il m'apprend
qu'il est arrivé de France, où se trouvent presque tous les
Corses qui ont quitté leur pays ; qu'ils ont mis à leur tête,
comme général de leurs troupes, Monsieur, frère du Roi (1).
en l'exhortant à passer en Corse, aussitôt que les affaires se
seraient arrangées en France ; que Monsieur le leur a promis,
qu'il leur a distribué des secours d'argent. Il croit fermement
que du moment où Monsieur s'est décidé à faire la dépense,
c'est qu'il compte exécuter ce projet. Ce même Corse me
parlait du grand attachement que toute l'Ile avait pour le
Duc, mon maître, et s'étonnait que V. E., qui entretient des
soldats de diverses nations, n'eût pas encore pris à son service
quelques-uns de ces Corses qui étaient partis de leur Ile, et
qui, avec le temps, auraient pu la servir dans quelque circonstance. Et il me priait, comme il s'en retournait en Italie, de
lui donner une lettre pour V. S. I. J'ai cru devoir l'en avertir,
afin que, si Elle désire que je me serve de cet homme, elle
puisse me donner des ordres. (V. *Append.* 55.)

Cosme assurément ne donna aucun ordre à son ambassadeur. Les menées du duc d'Anjou n'étaient guère de nature
à l'inquiéter. Il savait que les Français ne se trouvaient pas en
état de faire passer en Corse un corps de troupes de quelque
importance. Elles se seraient trouvées en face des forces
génoises et espagnoles, et n'auraient trouvé aucun appui

---

(1) Monsieur, Duc d'Anjou, devenu Roi de France sous le nom de Henri
III. Voici ce qu'en dit Filippini. « Della morte del Re di Francia (che fù il
» primo del mese d'agosto del 1590) non essendo cosa pertinente alla Cor-
» sica se non quanto all'affezione che a sempre dimostrato a questa nazione,
» la passerò in brevità. » — FILIPPINI. Tome V, page 465.

dans un pays complètement ruiné et fatigué de la guerre. Il
n'ignorait pas d'ailleuru qu'à ce moment la Corse s'était soumise, et qu'une sorte de calme, celui du découragement, ré-
gnait dans le pays. Après le départ d'Alphonse, en effet, on y
avait procédé à l'élection des Douze et nommé quatorze ambassadeurs, chargés d'aller à Gênes demander à la Seigneurie,
la ratification de l'arrangement conclu avec Georges Doria. La
soumission avait été faite avec pompe, et reçue dans les formes
les plus solennelles. Introduits, le 7 juin, dans la grande salle
du Palais Ducal, les ambassadeurs s'étant agenouillés devant
le Doge et les sénateurs, le plus âgé d'entre eux, le capitaine
François de Sant'Antonino, avait, au nom de tous les Corses,
imploré le pardon et la clémence de la Seigneurie, reconnu
leurs torts envers elle, et promis obéïssance et fidélité ; il
avait enfin demandé à présenter dans une prochaine audience
les besoins et les vœux de sa nation.

» Les Corses, nos très-anciens sujets, avait répondu le Doge,
Simon Spinola, ne seraient dignes en vérité, comme vous l'avez
bien dit, d'aucune grâce, ni de notre clémence, parce que,
comme des ingrats et comme peu reconnaissants du bienfait
que Dieu leur a accordé, non seulement de les avoir fait naître
dans une île si belle et si rapprochée de notre cité, qu'il semble
que la nature même l'a faite pour lui être soumise, mais encore de nous avoir rendus leurs seigneurs, nous qui de tout
temps les avons si bien gouvernés et si peu chargés d'impôts,
qu'il ne se trouve aucun peuple qui soit moins grevé et mieux
traité, les Corses, malgré tout cela, ont voulu en grande
partie se soulever, et sans motif aucun se révolter contre nous,
poussés uniquement par de vaines espérances et par les trom-
peuses promesses de Sampiero. Ils seraient d'autant moins
dignes de pardon que leur révolte a été plus obstinée. Toutefois, voyant combien ils s'humilient par votre entremise, et
assurés que nous sommes qu'ils se sont bien repentis des

fautes qu'ils ont commises, et qui leur ont attiré de la part
de Dieu, comme à des ingrats, une telle ruine et de si grandes
pertes qu'ils s'en ressentiront pour longtemps, nous voulons
oublier tant à fait les erreurs passées, et leur témoigner notre
clémence accoutumée, à l'exemple de Dieu, Notre Seigneur,
qui ne chasse jamais celui qui revient à lui. C'est pourquoi,
nous consentons, ainsi que ces très-Illustres Seigneurs, à
vous recevoir dans notre ancienne et bonne grâce et dans celle
de toute notre République, et à confirmer entièrement les
concessions et le pardon que notre Général, par notre ordre,
vous a accordés, ainsi qu'il est nettement stipulé ; et nous
vous le disons et nous vous l'affirmons, au nom de tout ce
Très-Magnifique Sénat, vous signifiant cependant que vous,
ainsi que tous les Corses, vous pouvez considérer, comme un
très-grand don de Dieu, que nous soyons les Seigneurs de la
Corse, qui, comme nous l'avons dit, a été si bien traitée par
nous qu'assurément plusieurs peuples lui portent envie. Sachez
également bien user de ce pardon, qui vous vient de Dieu, et
que nous vous avons accordé, en nous étant fidèles et soumis,
afin que si vous faites le contraire, vous ne soyez pas la cause,
à notre grand regret, de votre complète extermination (1). »
(V. *Append.* 56.)

Le 30 juin, les ambassadeurs à genoux, et les mains sur
les Saintes Ecritures, avaient, au nom de tout le peuple Corse,
prêté le serment de fidélité et d'hommage, « promettant que,
depuis ce moment, et pour l'avenir, ils seraient les bons,
fidèles et sincères sujets et vassaux de l'Excellentissime République, qu'ils ne se départiraient jamais de ses ordres et de
ceux de ses représentants, que bien plus, ils feraient tout ce

---

(1) Voir à l'appendice n° 11. Ce document et les suivants nous ont été
communiqués par M. Letteron qui les a publiés dans le bulletin de Novembre 1885.

qui leur serait commandé pour son utilité et sa conservation, qu'ils la défendraient avec toutes leurs forces, avec leur vie et avec leurs biens, ainsi que doivent le faire de bons, fidèles et sincères sujets et vassaux, conformément à l'ancienne et à la nouvelle forme de fidélité due à la Seigneurie par leurs prédécesseurs et par eux-mêmes. »

Le serment prêté, le sénat avait répondu aux demandes présentées par les Ambassadeurs. Ils avaient obtenu, en retour, comme grâces principales, mais avec toutes sortes de restrictions, que des hommes de loi seraient chargés d'opérer la révision du Statut Corse, et que pour faciliter la paix entre les particuliers, on accorderait le pardon à ceux qui s'étaient rendus coupables de meurtre ou de tout autre délit capital, si toutefois ils n'avaient été bannis ou condamnés aux galères, ou s'ils ne se trouvaient en prison, à la condition encore de rapporter le consentement des parties lésées; que s'ils ne rapportaient pas ce consentement ils seraient bannis de deux à six ans, au gré du Capitaine Général, mais qu'ils pourraient se libérer de cette peine, en versant à la Chambre une somme de cent à quatre cents livres, au gré du Capitaine Général, laquelle somme devait être remise, les deux tiers aux parties lésées, et l'autre tiers à la Chambre. Ceux qui dans la dernière guerre avaient été faits prisonniers en vaquant à leurs affaires, seraient délivrés des galères, si toutefois ils n'avaient pas porté les armes contre la Seigneurie, ou s'il ne leur était reproché rien de particulier, ou s'ils n'avaient pas fourni de secours aux rebelles. Les biens confisqués seraient rendus aux enfants de ceux qui étaient morts pendant la guerre, à moins que ces biens n'eussent déjà été vendus, ou donnés ou aliénés par la Seigneurie. Les habitants du Nebbio et de la Balagne et les Corses des environs de Bastia étaient exclus de la faveur. Chacun aurait droit de demander en justice, s'ils existaient encore, les biens meubles qui lui avaient été enlevés pendant la dernière révolte; mais les soldats, employés et officiers Génois ne pourraient être actionnés en restitution que pour les immeubles dont ils seraient encore en possession.

Tout était fini. Gênes triomphait sur tous les points. Par le traité de Cateau-Cambrésis, qui lui avait restitué toutes les places que les Français occupaient en Corse, et avait consacré son droit de souveraineté sur l'île, elle s'était débarrassée de leur dangereux voisinage, et elle avait repris sa forte position dans la Méditerranée. Sûre du côté de l'Espagne, pour laquelle elle n'avait ménagé ni son argent ni ses flottes, elle était parvenue à déjouer l'habile politique du Duc de Florence et à s'opposer à ses projets d'agrandissement en Corse, et telle avait été son heureuse fortune, que Philippe, qui de son côté en convoitait la possession, n'avait jamais pu, par suite des guerre dans lesquelles il se trouvait engagé, mettre à exécution son dessein. La destinée de la Corse était fixée. Après tant d'efforts trahis et d'espérances déçues, elle retombait au pouvoir de Gênes qui s'en assurait, désormais, par la force, pendant cent cinquante ans, la tranquille possession.

A. DE MORATI.

Appendici di Documenti

APPENDICE I.

1. 1558, 28 Dicembre.

Il Duca Cosimo I a Bennardetto Minerbetti, vescovo d'Arezzo,
suo ambasciatore presso il Re di Spagna.

Reverendo, (credo Minerbetti, vesc. d'Arezzo ed ambasciat. ducale presso il re di Spagna) li Franzesi a questi giorni ànno con 10 galere sbarcato 6 cannoni allo stagno della Bastia in Corsica, e battuto tre dì, l'ànno preso, e nella Bastia oggi non si trova forma, nè modo alcuno d'aver alcun rinfrescamento, salvo per mare, non tenendo Genovesi da quella parte un palmo di terra, nè per ancora ànno essi Genovesi fatto un solo provvedimento; l'opinione comune si è che la Bastia si habbia a perdere ovvero che li genovesi habbino a risolver a lasciarla, e questo loro medesimi lo dicono, e li modi che usano lo mostrano manifesto: a noi certo par molto strano che colà sciaguratamente habbino a perder o abbandonar il detto luogo, il qual se si perde, concludono tutti che Calvi ancor in poco tempo sarà ancor lui stretto e farà il medesimo fine: per questo effetto a me, in anzi che venga il tempo, mi è parlato di far l'offitio che disposto intenderete: habbiano scritto a Genova all'abate di Negro che ne parli con il principe e con Adamo Centurione e dica loro da parte nostra che voglia considerare in quanta necessità si metterà la città di Genova perdendo la Corsica, e persa la Bastia in poco di tempo ancor si perderà Calvi, onde che in anzi che si venga a questo che se non possono o non vogliono difender la Bastia che al manco la diano in guardia a S. M. Cᶜᵃ perchè meglio è che la sia guardata da S. M. che la venga in mano de'Franzesi, per che mi dubito che un tratto o non la perdino, o che non si risolvino di far quello che fecero di San Firenze; e se la abbandonassino, o, smantellassino, subito li Franzesi la rifarebbono come ànno fatto di San Firenze, e ancor ho detto loro che quando il re non volesse tal carico che la piglieremo noi a guardarla pur che non venga in mano di Franzesi: questo l'abbiamo tocco loro per che sendo un monte di bestie, e governandosi stravagantemente, dicendo noi di darla a guardia al re, non ombrassino, e però habbiamo fatto lor questa offerta per farne quello che a S. M. paressi; ma il mio pensiero tende più in anzi: per che oggi li humori di Genova stanno peggio che mai; e'l principe e sua.... non si intendon bene con la republica, e S. M. mi creda che così è la verità perchè per più maniere me ne sono voluto chiarire: se si perde la Bastia si perderà Calvi: se si perde Calvi, il re di Francia è patrone di tutta la Corsica, e li Genovesi un dì diventeranno Franzesi; questo quasi di necessità verrà a esser così, diciamo in caso che non segua pace: il fin mio addonque è che e a S. M. che son lor tanto vicino non venisse questo rovescio addosso per che in vero questo non importa più a nissuno che a noi dua, a me per la vicinità che ho con loro, a S. M. per la comodità: però ho voluto scrivervi tutto questo per che veggo in viso questa rovina e vorrei per servitio di S. M. e comodo nostro veder se si potesse schifare.

Di Livorno, li 28 di dicembre 1558.

2. 1561, 19 Aprile.

Il Duca Cosimo a Sampiero.

Io ho tenuta sempre e tengo grata memoria di tutti quelli che hanno havuta servitù con la casa mia, onde può esser

certa V. S. che io ami e stimi lei come uno de' più cari et
più honorati gentilhuomini che habbiano havuto dependenza
dalli miei predecessori, et che però mi saria grata ogni occasione che mi si porgesse di farle comodo o piacere si come
anco et per mia natura et per amor di V. S. aiuterò sempre
volentieri tutti quelli della sua nazione. Il leone che mi ha
inviato m'è stato di molto piacere, e ne la ringratio di cuore,
et maggiormente delle offerte che mi fa delle quali conservo
gran capitale.

Da Livorno, li 19 aprile 1561.

---

3.   1561, 30 Ottobre.

Il Duca Cosimo al Colonnello Sampiero Corso, in Marsiglia.

Il leone che V. S. mi ha mandato mi è stato tanto più
grato et accetto, perchè viene accompagnato da una sincera
affettione ch'ella mi porta, conoscendola da molte prove et
dalle parole della lettera sua de VIII che gli escono dalle
viscere del cuore: io la ringrazio pur assai del dono et anco
delli advertimenti amorevoli che mi da, certificandola che io
ne conserverò grata memoria, che se ne accorgerà degli
effetti se mai mi si porterà occasione di potergliene mostrare.
Ben mi dispiace che la mia le fosse intertenuta tanto tempo
et resa poi aperta, che non so veder dove nasca il disordine,
ma che so che essa fu spedita con brevità e con tutta la velo-
cità che si potesse desiderare, si come farò di continuo in quel
che io pensi di poter apportarle honor o comodo alcuno.

Da Livorno, lì 30 ottobre 1561.

4. 1563, 8 Gennaio.

Il Duca Cosimo al suo Ambasciatore in Spagna.

Siamo avvisati per lettere di XVIII di novembre dal Bailo nostro di Pera come era arrivato quivi il colonnello Sampiero Corso, con dodici capitani dell'Isola, et perchè non possiamo pensare che li disegni di questo huomo tendino se non a qualche tristo fine, ci è parso farvelo sapere acciocchè in nome nostro lo faciate noto a quei Signori Illmi per ogni rispetto.... (Passa poi ad altro.)

Da Pisa, li VIII di gennaio 1563.

---

5. 1563, 8 Gennaio.

Il Duca Cosimo al suo Ambasciatore in Spagna.

..... Le mostrerete (a S. M. Catt.) appresso l'inclusa o alligata copia di lettera del Bailo nostro in Levante, declarandole che il colonnello San Piero è arrivato là, e che sendo persona di valore, di credito et mal contento, con l'autorità che ha in quell'isola sua patria, la quale è hoggi in maggior parte disperata, potrebbe, con l'aiuto del Turco et col fomento di qualcuno altro tentare cosa che recasse un giorno fastidio alla M. S. et in quel luogo et in Genova, tirandosi queste simili mosse dietro sempre qualche tumulto et alteratione; altra volta l'haviamo accennato, et hora più che mai lo ricordarete a S. M. che è necessario tenerci l'occhio et aver diligentissima cura, perchè non mancano di tristi et di sottili humori, et noi conosciamo il cervello di questo huomo quanto egli sia arrisicato, et in che disperazione si ritrovi; passarete con lei questo uffitio largamente, per pagare in ciò l'ultimo debito, et per nostra sadisfazione . . . .

Da Pisa, li VIII gennaio 1563.

6.　　　　1564, 18 Giugno.

Il Duca Cosimo al Re Cattolico.

Se ben io ho commessa la cura del governo al Principe mio figliolo si come scrissi alla M. V. non per questo pretermetterò mai occasione alcuna che concerna il servitio di lei; ella sa che altre volte con la dovuta modestia io le ho ricordato li humori che sono in Corsica, et il pericolo che gli soprasta per la mala contentezza di quei popoli, et per la molta authorità del colonnello San Piero. Et poi che non vedevo pigliarvisi rimedio, per non parer molesto mi tacevo; ancorchè mi son sempre persuaso che, covando questo male, dovesse un giorno scoppiar, et che la gita di Sampiero al Turco non fosse a caso, ma con fondamento et disegno; hora io resto avisato per tre riscontri di fregate venute a Livorno che partito di Corsica il S. don Garzia per la Sardegna, è comparso a quell'isola San Piero con 75 vascelli di Corsali, e dà l'arme in mano a quelli che gli son affettionati per sollevar l'Isola et rebellarla dalli Genovesi, per farsene padrone insieme con quella canaglia de'Turchi che la domineranno forse con più forza et ragione che non fecero i Francesi per l'importantia del luogo opportunissimo a danni di cristianità, et particolarmente alli stati della M. V. et devoti suoi; non ho poi inteso questa nuova che stamane per trovarmi lontan dalla marina, donde mi partii pochi giorni sono rispetto alli caldi, che prima n'haverei dato conto alla M. V.

---

7.   1564, 5 Luglio.

Il principe Francesco de' Medici alla Signoria di Genova.

Il conto che le SS. VV. Ill^me hanno voluto darmi con la lettera loro dell'ultimo del passato de moti di Corsica m'ha recato non piccolo piacere, vedendo che non sono di quel momento che spargeva forse la fama, et conoscendo che questo amorevole offitio usan verso di me procede da una ferma voluntà di mantenere quella buona amicitia et intelligentia con la quale il Duca mio Signore è stato sempre congiunto con loro: onde io non posso se non molto ringratiarne VV. SS. Ill^me, et rallegrarmi de'buoni ordini dati, et delle provisioni fatte per fermar li tumulti et castigar li seditiosi, il che spero habbia loro a succeder di certo, non potendo creder che quelli habbiano appoggio o fomento di Principi Cristiani, si come per aventura mostrano, per far miglior la loro condizione appresso de popoli che son di natura creduli: Hora dovendo esser questo un fuoco, come si dice, di paglia, et esse prudentissime, non m'occorre replicar altra cosa, ma raccomandomi nella lor buona gratia pregare Dio N. S., che le prosperi et contenti.

Di Fiorenza, il di 5 luglio 1564.

8.   1564, 17 Giugno.

Il principe Francesco al Signor Galeazzo Fregoso.

Procurerete con ogni diligenza di ritrovare quel Paris Corso, et subito l'invierete a questa volta per cosa importante, et che li piacerà, nè anco sarebbe fuor di proposito che voi vi transferissi sin qua con esso lui, perchè ci tornerebbe bene il parlare in voce, et con l'uno, et con l'altro, per qualche cosa che gira a torno, ma non accade far romore alcuno di ciò, nè conferir la venuta vostra o di colui in persona, se non far capo al Concino che ordinerà ad ambeduoi quel che haverete da fare.

Di Fiorenza, il di 17 giugno 1564.

---

9. **1564, 13 Luglio.**

Rinaldo dal Petricaio Corso

Illmo mio Singniore e patrone oss^{mo},

.... Altro non o che avisarli di novo solo che o inteso che Sampiero Corso va chon una chroce rosa al cholo e da quele genti di la da monti si trovano assai cholarme in mano di qua da le bande nostre che este la magior inportanzia non si muoveno anchora; ma fato intendere questo uno omo vicino a la bastia che stato a piombino chon una barcha a questi giorni pero non mancha che ongnuno esta solevato e no si sano risolvere ma si videssino la piu ciara vorebeno per quanto m'acena vedere uno che avesi magior forza che Sampiero e questo e quanto mi a fato intendere per uno fidato a posta io li mandai a dire che lo ringraziavo de tuto l'aviso che mi a dato ma che io non so altro che dire si non che mi dispiace del male che patischano . . . . .

Di Chastagnieto, il dì 13 di luglio 1564.

---

10.   1564, 13 Luglio.

Lettera di Corsica al Principe Francesco.

Le cose di quà sono in cattivo termine perche e rotto el nostro campo et l'isola tutta ribellata, le nostre genti sentendo che San Pier Corso era in Rostino domenica si partirno dal Borgo per la sua volta seguitandolo in Caccia dove si transferi per il ponte alla Leccia, et essendosi avvicinati alla pretera (Petrera) villa di quel luogo di Caccia, martedi mattina di bonissima hora si attaccorno le scaramuccie, et vedendo i nostri il seguito grande che San Pier Corso haveva fuora dell'openione loro, che tutti i colli e macchie era piene di gente concorsa a favor d'esso San Piero gridando libertà, carne, carne, et vedendosi condotti in luogo molto difficile dove poco poteva giocare la cavalleria, presero per partito di ritirarsi havendo prima assai danneggiato i nimici, et messe quasi in fuga la persona di San Piero, nella qual retirata le genti del paese gli moltiplicorno tanto 'a dosso da tutte le bande che si missero in fuga et in rotta con grandissima perdita di soldati et cavalli. Sonovi restati prigioni el capitano Pier Andrea da Casta, il capitano Paulo Emilio, il capitano Mamilla, il capitano Pier Battisco Fiesco, et el capitano Marcantonio della Bastia, il sig. Alfonso d'Erbalunga et molti altri ofitiali. Di persone segnalate vi è morte il capitano Nicolo del Negro, et tre o quattro alfieri, et un figlio del Sig. de Canari. Questo danno è stato di grandissima importanza, non tanto della perdita di sì bella gente, quanto che el nemico con questo bottino ha trovato di armare molto bene mille huomini, dove prima era quasi disarmato; ha dato ordine a popoli generalmente di sollevarsi, de quali la maggior parte stavano ancora sospesi et messo anco in pericolo questa terra di assedio che non ci è da magnare, erano le fanterie italiane cinque insegne che facevono el numero di secento, e da cinquecento Corsi con più di cento cavalli da fare ogni fatione, et per poco esercito non si poteva vedere il più bello, nè meglio ad ordine.

Tutti quelli che sono rimasi si vanno riducendo qui et di quelle compagnie italiane forastieri ne sono venute a questa hora dugento, ancorche ne sono assai feriti, ma tutti spogliati, et ignudi, assassinati da paesani, et massime dalle donne, che ne contano crudeltà inaudite. La cavalleria è anco male trattata, pur ci saranno da 60 cavalli da fatione. San Piero dipoi sene tornò in Rostino, dove ancora si trova, per quanto si intende. Di questo disordine si ragiona variamente, chi dà la colpa al non haver havuto un capo, o, per dir meglio, per esserne stati pur troppi, che ogni capitano voleva comandare. Oltre che i Corsi che erano con i nostri non volsero combattere come infedeli e corrotti, et a posta si missero in fuga. La conclusione è che le cose sono in cattivo termine, et che havemo tutto el paese nimico, et se le provisioni di còstà non vengono presto et gagliarde, non si può stare se non con spavento.

---

11. 1564, 30 Luglio.

Il Principe Francesco a Bernardo Baroncelli.

. . . . L'apportatore di questa nostra sarà il cap. Francesco Corso che vuole passar in patria come da esso intenderete. Sentiremo piacere che lo carezziate, et essendovi fregata nostra, lo farete per parte nostra accomodare da qual ministro si voglia, ordinando al patrone che tenga quel camino che esso gli dirà; se delle nostre non ne fusseno, procurate voi con la solita vostra diligentia, affinche sia accomodato da altri in ogni modo; et quanto meno mostrerete che questo sia ordine nostro et meno spenderete il nostro nome, tanto maggiore satisfatione ne sentiremo.

Da Camaldoli, il dì 30 luglio 1564

12.

1564, 7 Agosto.

Bernardo Baroncelli al Principe.

Ill.mo etc. Principe,

El personaggio che doveva ripatriarsi è stato spedito con quella prestezza e secretezza che sia stato possibile. Armatoli una delle nostre fregate ben chalafattata e spalmata con 16 marinari parte corsi e parte elbigini di che assai si è contetato. E per tempi contrari si è riposato in casa nostra fino a questo giorno....

Di Livorno, 7 agosto 1564.

13.

1564, 31 Luglio.

Diodato da Casta al Duca Cosimo.

Illmo et Eccmo S. et unico patron obsmo.

Per una altra mia ho scritto a V. E. I. confidandomi del S. Aurelio che piu a lungo li scrivo che li dara ravaglio di tutto. Ma perchè dipoi che io ho scritte a V. E. I. e capitato qui a Piombino una fregatina con dui omeni di mio inanto, li quali mi apropano tanto io scrivo al S. Aurelio che ne faccia consapevole a V. E. I. li quali homeni mi diceno di più che io no escriveva che a lo primo dagosto. San Piero con tutti li Corsi fano veduta condita e si congregano insieme, e perche la patria nostra è intitolata reame e San Piero li dice che s'elegino tutti che ve vogliano e nemine screpante tutti ad una voce richiamano e dicano che non volno altro re che V. E. I., mi pare a dare rivaglio a V. E. I. che altro desiderio non ho al mondo che chosi sia e chosi mando mio nipote con la presente a darli questi avisi e rigualii, io son qua a piombino e ci e una galeotta e quattro fregate di genovesi che mi guardano, io staro a ricatto di V. E. I. e segondo che mi avisera faro. Io mendichegio la suplico e prego con ogni stantia voglia sovenirmi di qualche cosa e così la prego come unicho patron mio che voglia a mio nipote Guseppe darli qualche principio in servitio di S. E. I. e far cognoscere a chi sta dalla banda e a tutta la patria mia che io so ne la sua bona gratia, il quale S. E. se ne troverà ben servito, e la giornata sera quella che dara testimonianza de tutto, e con questa io le bacio le candide mane, e per infinite volte me li rachomando, che Dio mi dia gratia che lo possa veder in quel grado che io desidero.

A Piombini, a l'ultimo di luglio 1564.

D. V. E. I.

Servitore

LO PIOVANO DE CASTA, CORSO.

---

14.   2564, 18 Agosto.

Il Principe Francesco al Capitano di Livorno,
Bartolomeo Ugolini.

Ci sono stati grati gli avvisi della vostra di 14 cosi di Corsica come della nave di Giorgenti. Seguitate di tenerci ragguagliati di ogni cosa che passa et che si senti, perchè ci diletta d'haver notitia di tutto.

Da Vallombrosa, il 18 agosto 1564.

---

15.   1564, 17 Settembre.

Il Principe Francesco a B. Baroncelli.

Da Gio·. Caccini vi saranno consegnate certe munitioni, rimanete con lui del giorno, et mandate uno di quei barchi o fregatine a levarle a foce d'Arno dove tiene commissione da noi d'inviarle et voi le manderete dipoi senza dimora alla torre nuova del logo di Campiglia indirizzandole a quel Castellano che le riceva con ordine che le dia a chi andra per esse con lettera del Sig. Aurelio Fregoso et con manco strepito eseguirete, tutto passerà con tanto maggior nostra satisfatione.

Dal Poggio a Cajaro, li 17 settembre 1564.

16.   1464, 20 Agosto.

Il Principe Francesco alla Signoria di Genova.

Essendo liberi i nostri porti non mi farei meraviglia quando in Livorno si fusse imbarcato Corso alcuno non si sendo anco pensato che alcuno di loro vi si dovessi imbarcare non si sapendo donde simili habbino a venire per tale effetto ; mi porge bene meraviglia l'imbarcatione che le SS. VV. Ill^{me} mi scrivano di tante armi, non se ne trovando in Livorno provvisione d'alcuna sorte et di fortezza non sarebbe sì ardito il Castellano o Proveditore nostro di cavarne un sol pezzo, nondimeno s'intenderà la verità del tutto, et le SS. VV. Ill^{me} si come hanno possuto conoscere per l'addietro la voluntà del Duca mio Signore et mia verso di loro così per l'avvenire s'accorgeranno che ella cresciuta in grosso più presto che diminuita una dramma, et mi raccomando nella loro buona gratia.

Da Fiorenza, li 20 agosto 1564.

17.　　　1564, 20 Agosto.

Il Principe Francesco all'abate di Negro

. . . . . Li avvisi che ci date di Spagna et del mare insieme con quelli di Corsica ci sono stati gravissimi, per intendere maxime che l'alterationi di quell'Isola se ne vadino in fumo.

Da Fiorenza, li 20 agosto 1564.

18.　　　1564, 30 Luglio.

Il Duca Cosimo a Filippo II.

Se bene come io scrissi a V. M. e si come poi io feci di lasciar l'administratione delli stati miei al Principe mio figliolo, dissi però a quella che dove occorresse cosa, per la quale io potessi conoscere che in parte alcuna toccasse il servitio di quella non mancherei d'advertirne V. M. servendola sempre con quella sincerità et fede che ho fatto et farò sempre: Et se bene io son certo che V. M^ta da altri sarà avvisato prima che hora della revolutione seguita in Corsica per Sanpiero Corso contro alli Signori Genovesi, credo però che forse tal cosa le sarà mostra altrimenti di quello che potrebbe succeder, perchè i Genovesi, a chi tocca tal cosa, mossi da passione, et da'proprii particulari interessi non possono cosi conoscer il vero, che bisognerebbe, come appresso V. M^ta intenderà, si come fanno li altri, che per colpa altrui bisogna ricevino spese, danni et fastidii, si come interviene a me in questo caso; ma se io solo portassi pericolo di questo, sarebbe manco male, ma io dico che ci va in questo del servitio delli stati di V. M. et forse ancora del universale della Cristianità come di sotto dirò: Io mi ricordo d'haver scritto

più volte a V. M. come li Signori Genovesi si governavano
mslto male con li lor' popoli, la maggior parte de quali erano
disperati, et questo nasceva, perchè i particulari non punto
pensano al ben pubblico, ma si bene ad arricchirsi con trattar
male li popoli: onde et la plebe stessa moriva di fame, et di
fuora i vascelli erano mal trattati, et a poco a poco venivono
in disperatione, si come V. M. potrà veder per più mie lettere se quella se le farà mostrar: Ultimamente io scrissi a
quella che i Corsi farebbono qualche revolutione, la qual di
poi è seguita, et questo dissi, perchè tutti a una voce a ogni
gente dicevono il medesimo: Il caso è seguito, et è nel termine che V. M. vede et bisogna che quella pensi a qualche
rimedio; perchè sendoci tempo tutta questa invernata, non
bisogna aspettar la Primavera, che sarebbe troppo perico-
loso; perchè questa gente come disperata et efferata resoluta-
mente farebbe qualche pazzia, come V. M. potrà comprender-
der dall'istessa verità, si come insieme con questa la vedrà:
Li partiti in questo caso son certo poco buoni con questa natione, né io posso comprender, si come meglio può la M. V.,
se li Franzesi hanno maneggio, o no in tal pratica; ma veder
uscir, Sanpiero di Marsilia, et pur bisogna habbia portato
denari, et da se non n'ha, non mi piace punto, anzi dubito
che non habbino fatto, come si dice, tratto il sasso et nasco-
sto la mano, ma in questo caso vorrei più presto che aves-
simo pensieri con loro, che fussino disperati del tutto: Duoi
mezzi soli mi par c'habbia questo negotio, l'uno è con la forza
istessa, l'altro con la negotiatione: La forza sola de' Genovesi
non è bastante, perchè se hanno da far con le forze proprie
io voglio far questo pronostico che questa guerra, o vero re-
bellione di Corsica sarà causa di far qualche alteratione in
Genova, et la causa è manifestissima; perchè sendo la plebe
assaissima, affamata, et mal contenta, et il publico non havendo entrate, bisogna che quanto spenderanno esca tutto
da'particulari et spenderanno assai, et con poco frutto: onde
dovendo ogni giorno pagar nuovi denari et trarli da'particulari, succederà la mala contentezza nel universale, et causerà
qualche novità; si che il peggior partito che si possa scceglier
è lasciar che i Genovesi soli terminino questo fatto; perchè
prima non faranno, secondario verrà la Primavera, et al certo
V. M. tenga, che per ragione havendo ella fatto la sua ar-

mata, il Turco vorrà anch'egli armar, et se ne verrà volentieri a pigliar quel che i Corsi gli offeriranno: Il domarli per forza, non havendo loro in se forza alcuna altro che li huomini, et la voluntà unita, si staranno alle montagne, et per li boschi luoghi forti, et la forza de'soldati non servirà molto, perchè non li troveranno, et quando beae li trovino, non li possono ammazzar tutti; et se rovineranno loro le case, poco importerà loro, perchè V. M. sappia, che delli Corsi naturali non ne dorme nel letto cinque per mille, ma su le foglie secche delli arbori, si che poca fatica sarà loro lo stare alla campagna: L'Isola è assai grande et populata, di modo ch'io dubito che noi ci possiamo ridurre alla Primavera senza averli domati; si che V. M. conosce bene la conseguenza, che sono per darsi al Diavolo non che a'Turchi più presto che star sotto a'Genovesi, et dico quanto a me quasi par esserne certo: Per via di negotiatione, certo è che i Corsi tutti in universale sono malissimo satisfatti de Franzesi, perchè reputano che quanto è advenuto loro sia stato fatto il danno da' Genovesi sotto la fede de'Franzesi; et se ben Sanpiero sta con li Franzesi in questo caso non credo io che sia satisfatto di loro; ma come quello che vedeva tutta l'Isola disperata s'è valsuto di quel che ha potuto da loro, et ha fatto quel che harebbon fatto delli altri sendo questo consenso universale di tutti; di modo ch'io credo che trovando da appiccarsi con altri, che con Franzesi volentieri piglieranno ogni altro che loro; et credo io che quando s'assicurassino che V. Mª non li sottomettesse di nuovo a' Genovesi facilmente si gitterebbono nelle braccia di quella; Da altra parte io molto ben conosco che i Genovesi non conoscendo veramente come sta questo negotio, in modo alcuno cederebbono alle cose di Corsica, si che li partiti sono scarsi da ogni banda; ma l'intentione mia sarebbe solo in questo caso che in modo alcuno i Turchi mettessino piede in questa Isola, che questo prima tocca l'interesse di V. M. come più vicina alli stati suoi, poi a me come più propinquo, sendo tutto il mio paese di marina che in una sola notte si passa in terra ferma: ma conseguentemente sarebbe la ruina della cristianità per esser l'Isola piena di porti, et li luoghi da farli espugnabili, commodissima a' Corsali d'Algieri, et assai abundante di più cose. Io ho representato a V. M. questo caso come in vero egli è; la resolutione quella con la sua somma prudenza la potrà pigliare; et se ancor mi comanda ch'io le dica l'opinion mia, la dirò synceramente, et senza affetto alcuno, quando quella me lo comanderà, altrimenti no; perchè sarebbe la mia troppa presuntione: Io mando a V. M. la copia d'una lettera scrittami da Sanpiero Corso, la qual credo sia come molte altre c'ha scritto a varii Principi. perchè così m'ha detto un suo che me l'ha portata, il quale a bocca dice il medesimo che l'istessa lettera, et è ito a portarne un'altra al Papa: Solo c'è questa differentia, ch'io credo che i Corsi habbiano grandissima fede in me, la causa è questa che mio padre nelle guerre si cominciò a servir di questa natione, la quale da lui innanzi era poco conosciuta in Italia, alla guerra: et lo fece perchè li trovò animosi, et atti a regger ogni fatica, et riusciron tali che fecero honor a lui, et egli ne tirò assai innanzi et ne fece molti capitani, et li beneficò assai, et Sanpiero è uno di quelli ancora che fu relevato da lui, se ben poi ha servito a' Franzesi, mai però nelle guerre che son occorse ha voluto venir contro li stati miei, ne mai poi l'ho visto ne parlato che serve a Franzesi: s'aggiugne a questo che molti altri capitani di quella natione m'hanno ben servito, et sempre che alli Corsi è occorso alcun bisognio, dico a' particulari, ho fatto lor piacer, dico piaceri ordinarii, quando poi si dettono a' Franzesi licentiai tutti: Finita la guerra ne ritornarono alcuni al mio servitio, et io visto il modo che i Genovesi li trattavano tornai a licentiarli tutti, perchè scorgevo che questa natione bestiale non sopporterebbe li trattamenti che i Genovesi facevan loro, la mandai via: Ma perchè il mio porto di Livorno è la scala che fanno sempre in terra ferma, a' poveri homini barcaroli ho fatto far buoni trattamenti, oltre che in molte terre di Maremma de' miei stati son piene di questa gente, che familiarmente da centinara d'anni habitano, et ogni dì ce ne vengono di nuovo per habitar per queste loro influentie, et queste sono molte migliara d'anime: Da queste cose questa natione ha grandissima fede in me, et fariano ogni cosa che da loro volessi, salvo che mai crederei posserli accordar con Genovesi; perchè credo che Dio solo, et la forza possa tenerli: Et non creda V. M. che questa alteratione sia la prima che hanno fatta contra Genovesi, che prima erano soggetti de' Pisani, perchè i Genovesi non hanno mai osservato li patti et capitoli che promesson loro, si son già lor' ribellati quattro volte in spatio d'ottanta anni, et credo forse che siano più le rebellioni, et i Corsi tengono d'esser liberi, perchè dicono che non sendo stato laro osservato li capitoli, con li quali liberi volontarii si dettono a'Genovesi, pretendono non esser obligati a esser soggetti, perchè fu deditione volontaria, et non comperata, o acquistata per ragion di guerra: Ho voluto che quella intenda ancora questa lor opinione, acciò sia informata V. M. et saputa questa confidentia che hanno, se ne valera come sarà poi suo servitio; a questo huomo ho risposto generalmente, così farò a Sanpiero per far poi quel tanto che la M. V. ordinerà: Scusimi quella se son stato troppo lungo, che in simil caso non si può far senza fastidiarla, acciò sappia il vero di tutto, et a me comandi quanto è di suo servitio che la servirò sempre con quel amore et obligo che ho fatto tanti anni, et nelle cose ordinarie, potrà comandar sì come ancora nelle straordinarie al Principe, che ambiduoi serviremo a V. M. con una medesima fede, alla qual humilmente.

Da l'Eremo di Camaldoli, il dì 30 di luglio 1564.

19. 1564, 26 Agosto.

Sampiero al Duca Cosimo.

.... Et essendosi ora presentato questa bona occasione ch'io son venuto in questa isola, et havemo tutti li popoli a nostra devotione, la prego, poichè con tanto bonissimo animo questa povera patria si è dedicata al suo servitio, che si contenti accettarci per suoi suggetti; perchè con ogni poco d'agiuto che l'Ecc^a V. ne dia, in palese o in secreto, ne veniremo con l'agiuto di Dio et suo a buon fine et al nostro disegno. Et quando l'Ecc^a V. sarà contenta et resoluta volerci abbrecciare et tenere per suggetti, per più sua sigurtà le manderemo le voci et voluntà di tutti li signori, gentilhomini et populi di Corsica. Et sapendo l'Ecc^a V. di quanta importanza è questa isola, qual resta il freno d'Italia et altri paesi, essendo massime tanto vicina et propinqua al suo dominio, che le resulterà grandissimo commodo, honore et benefitio; et però le replico et prego non lassare questa tanto bellissima et honorata impresa. Et fatto che haveremo questa impresa, le prometto, pur che habbia commodità di parlare con l'Ecc.ª V. di preseutia, le proponerò cosa che le giovarà, et faremo tal impresa di più importanza che l'isola di Corsica....

Dalla Porta di Ampugnani, li 26 agosto 1564.

Di V. Ecc.ª Ill.ma

fideliss.mo et affett.º
SAMPERO CORSO.

---

20.   1564, 26 Agosto.

Sampiero al Principe Francesco de' Medici.

Ill.mo et Ecc.mo S.r mio e patrone sempre oss.mo,

Il desiderio mio è sempre stato et è di presentia videre il conspetto di V.ra Ecc.ma per refermare e stabilire la antiqua mia servitù fatta alla felice memoria del S.r Iovanni, avo di V.ra Ecc.ª, como per lo avenire penso far a suo servitio, oferendomi di continuo cum la vita mia e con quelle poche fòrse che potrò al mondo; et se fino a qui non ho scritto alla Ecc.ª V.ra non è manchato già da l'animo bono, ma lo ha causato la mia incomodità e travaglo, et non per altro è restato. Hora essendomisi presentato questa bona occasioni, mi è parso ragionevole, sicome son tenuto, acompagnarmi cum questa mia e scriverli questi pochi versi, pregandola vogli tenermi nel numero di suoi fidelissimi servitori, sicome è il desiderio mio, e come mi asicuro di mostrarli cum le opere, se venerà la ocasioni, como spero in Dio che se presenterà in breve. Da l'altra credo la Ecc.ª Vostra sappi che io mi retrovo qua nella isola di Corsica fra la patria mia, per cerchare cum lo ajuto di Dio liberarla da la tirania di Genovesi, per li grandissimi asassinamenti che li usavano; e però sono tutti risoluti, più presto che restar sugetti a loro, di morire tutti, cum animo più persto sottomersi alla Ecc.ª Ill.ᵐᵃ del Ducha che ad ogni altro principe di Cristianità, essendo la patria nostra sempre stata afecionata e serva a la casa di Vostra Ecc.ª; e però desiderano restar a sua devocioni, exendoli maxime tanto propinqua e vicino il suo dominio, sicome ne scrivo a Sua Ecc.ª. Pertanto la prego che sia contenta exortar a Sua Ecc.ª che sia contenta volerci abraciare et racettare per suoi sugetti, poichè cum tanto bonissimo animo questa patria domanda a Sua Ecc.ª per signore e patrone; et essendo questa isola de tanta importansa, la pregerò non vogli lassar questa bona occasioni, perchè non so qnando si posa per verun tempo haver la devocione de tutti questi signori, gentilhomini e populi de la isola. Como se bisognarà ni manderò le boci e voluntà loro per scritto, et havendo hogi a nostra devocioni tutto il paesi, la prego sia contenta exortar a Sua Ecc.ª che ni acetti per suoi suditi come sopra, essendo tale il desiderio di tutti questi populi, perchè cum ogni pocho di ajiuto che habiamo io spero in Dio che ni veneremo in brevi al disegno nostro. E fatto che haveremo questa impresa io prometto alla Ecc.ª V.ª che ni faremo di magior importanza, sicome ni scrivo alla Ecc.ª del Ducha suo padre, come più apieno la Ecc.ª Vostra intenderà dal presente portatore, da me aposta mandato per questo efetto, al quale piacerà darli credensa e fedi de quel tanto lui raguaglarà a bocha. E perchè mi asicuro che la Ecc.ª Vostra non mancherà, non mi stenderò più oltre, e pregerò il Signor Idio la conservi lungamenti, e conducha al segno che desidera.

Da la Porta di Ampugnani, li 26 augusti 1564.

Di V. Ecc.ª Ill.ᵐᵃ

minimo et fidelissimo servitore
SAMPERO CORSO.

21.   1564, 20 Settembre.

Il Duca Cosimo a Sampiero.

────────

« La voluntà ch'io ho tenuta sempre verso l'honore et repu-
tation vostra, per l'antica devotione sua a questa casa, è cagione che io ho sentito della vostra lettera non poco dispiacere; perchè io veggo dentro la molestia et il travaglio che
passate insieme con tutta quella natione, la quale io amo
tanto, et per natura et per l'affetto che mi porta. Pesami sin
a l'anima, pensando che son accidenti di mala digestione, et
da inquietar sè stesso et li animi d'altrui, oltre alle sinistre
consequentie che si tirano dietro, sì come nella medesima mi
protestate. Il che, se ben potrebbe seguire per pura necessità,
come scrivete, vi reputo nondimeno così savio et accorto, che
non vi lasserete persuadere tanto dalla passione che non vo-
gliate ricorrere alli mezi et remedii di Principi cristiani (che
non doverà mancarne), piuttosto che buttarvi in preda d'Infi-
deli. Perchè questi, messo che v'haveranno addosso il piede,
s'ingegneranno di soffocarvi di continuo et tenervi sotto; bastando loro d'havervi posto in ballo et acceso questo fuoco,
che non vi lasserebbe mai riposare. Quelli altri, amatori della
quiete universale di Cristianità, procurerebbono con ogni stu-
dio d'ammorzarlo et di trarvi d'affanni col rendervi alla pace
et alla vostra quiete. Sichè non vi gittate a resolutioni preci-
pitose, ma consideratele maturamente con la prudentia vostra; et promettetevi che, dove io potrò buonamente prestarvi
dell'opera e mezo mio per cavarvi di briga et di noia per publico benefitio et salute maxima di quella vostra patria, lo
impiegherò di così buona voglia che conoscerete in me rin-
novato l'amore che il Signor mio padre, di gloriosa memoria, portava alla persona vostra e a tutta quella natione. »

────────

22. 1564, 30 Settembre.

Il Duca Cosimo al Papa Pio IV.

Molte volte occorre che quanto manco le persone cercano le cose, tanto più le corron lor dietro, sì come hora occorre a me, sì come V. S. intenderà qui di sotto. Quella harà inteso li motivi di Sanpiero Corso in Corsica, et come tutta s'è rebellata da'Genovesi, eccetto le terre che loro tengono guardate et habitate da'soldati et persone forestiere, con haver perso Portovecchio, guardato da 100 soldati di Genovesi, nel qual luogo hanno trovato sei pezzi d'artiglieria di bronzo, dua da batteria et quattro da campagna: il qual luogo Sanpiero fortifica quanto può. Mentre che queste cose sono in questo essere, ecco comparir un mandato di Sanpiero con una lettera, il qual mandato dice che tutta l'isola è risoluta unitamente di darmisi per sudditi et vassalli, pregandomi a volerli accettare. La causa dicono essere perchè loro son risoluti darsi sin alli Turchi, et voler tutti morire innanzi che esser suggetti a'Genovesi, et che loro hanno eletto me prima che alcun altro principe, perchè confidano in me che abbia a administrar loro buona iustitia, et ancora perchè la lor natione nelle guerre passate fu molto favorita da mio padre, et che non vogliono altro signore che me, et non li accettando si protestano che faranno cosa che poi mi potrebbe dispiacere, il che sarà contro lor voglia et cacciati da necessità. Stante la cosa in questi termini, io ricorro a V. S. per consiglio come a mio padre et signore, perchè ho preso tempo a rispondere (benchè sia assai breve), et perchè sopra questa materia ci son da considerare et discorrere molte cose. Ne ho mandato un discorso in scritto al mio imbasciatore, il quale comunichi tutto con V. S.; nè lo scrivo in questa per non dar tanta molestia a quella con sì lungo scrivere. Supplico quella che, inteso tutto, voglia darmi il suo sapientissimo parere, con il quale io penserò di non potere errare. Di questo successo io non ho havuto altra notitia, salvo che quando Sanpiero venne in Corsica, mandò di qua un suo con una lettera per sua iustificatione, nella quale raccontava li aggravii ricevuti da'Genovesi e le cause li havevon mossi a pigliar l'arme; et egli, per esser stato al servitio di mio padre, sendo lì, me ricordava la sua antica servitù. Io gli risposi che mi dispiaceva de'lor travagli, et che fosse venuto in tal termine. Ricercommi questo suo mandato ch'io lo facessi accomodar d'una fregata acciò i Genovesi non lo pigliassino, il che mi parve allhora honesto; della qual fregata i Genovesi hanno fatto tanto romore, sì come debbe haver inteso V. S., non sapendo loro stessi quel si vogliono dire. Questo è quanto è passato in questa materia, di che anco m'è parso a proposito dar conto a V. B.ne, acciò ella sappia l'istessa origine di questo fatto. Et per non la molestar più farò fine, baciando humilmente li santissimi piedi di quella, che Dio la faccia vivere lungamente et felicissima.

Dal Poggio etc.

---

23.   1564, 10 Ottobre.

Il Principe Francesco all'abate di Negro.

Ci è stato grato d'intendere il ritorno vostro, et di molto piacere ci sono stati gli avvisi delle lettere vostre de' VI, poichè per la venuta dell'armata di S. M. Catt. in Corsica non si può se non sperare che si sia per dar fine al travaglio che hanno quei Signori per il sollevamento dell'Isola.

Di Fiorenza, lì 10 agosto 1564.

---

24.   1564, 11 Agosto.

Il Principe Francesco all'abate di Negro.

Vi ringraziamo delli avvisi, i quali ci sono stati grati; et gratissimi ci sarebbero stati se il Sig. Don Garzia voltasse con l'armata a sopire quell'alteratione di Corsica, non le potendo noi sentire con buona orecchia sì per la vicinità come per l'affettione che portiamo a quella Vostra Illustrissima Republica.

Dall'Alvernia, 11 agosto 1564.

25. 1564, 27 Ottobre.

Il Principe Francesco al Signor di Piombino.

Dell'Isola d'Iere et di S. Margherita son l'ultime lettere che la S. V. scrive al Duca mio Signore, le quali sì come son piene di molti disordini, di malattie, et di morti, così ci hanno portato non poco dispiacere et molestia.... ma perchè al passato non si può dar rimedio....... risponderemo solo a quelli capi che ci paiono degni della resoluzione nostra...... Circa la provisione da magniare, se l'armata toccherà Livorno o Porto Ferraio, V. S. si fornirà di quanto biscotto havrà di bisogno sendone copia ne l'uno e l'altro luogo, se anco andranno le galere (ducali) in Corsica senza accostarsi a quei due luoghi, non doverà S. E. (D. Garzia) mancare di farle provedere da vivere sì per il debito del carico ch'ella tiene, sì ancora per havere le nostre soccorso del lor proprio alle uecessità dell'altre; ben crederemo che il Sig. Generale potesse perdonare loro per questa volta tal gita per che nel riposarsi un poco, le rihaverebbe poi più fresche et piu atte a servirle, sopra di che scriviamo a S. E. l'alligata. Nondimeno stando ella in sententia ferma che elle vadino in Corsica in ogni modo, ci contentiamo che continuando il male di V. S. ella si resti in terra per curarsi, et in suo luogo mandi il Sig. Montaguto....

Dal Poggio del Cajano, li 27 ottobe 1564.

26. 1564, 27 Ottobre.

Il Principe Francesco al Signor Don Garzia di Toledo.

Col maggior contento del mondo habbiamo il Duca mio Signore et io, dopo il felice successo del Pignone, inteso dalle lettere di V. E. de' XVIII della sua buona salute della quale noi tutti ancora per la Dio Gratia si è assai ricchi se bene il card. et D. Pietro hanno a questi giorni di vaiuolo di che si trovano liberi. Non risponde il Sig. mio Padre all'Ecc. V. poi ch'ella dice che scriveva più largo come sia più vicina, ben l'assicura che non provederà di nuovo commissario senza participarla con le qui amiloale pregha ambiduoi quanto più caldamente si può a voler assoverel le galere nostre dalla gita di Corsica si perchè non hanno da servire a più che tanto, si anco per la moltitudine de malati, che vi si trovano sopra, oltre a infiniti che vi mancano per le morti seguite, con ciò sia che in questo mezzo anderebbono in Ferraio a purgarsi delli infetti, et farebbono nuove provisioni d'ogni cosa per servire tanto meglio alle imprese et a' comandamenti dell'Ecc. V. la quale potendo tener queste galere per proprie ci rendiamo anco certi il Duca mio Signore et io, ch'ella l'haverà sempre in qualche respetto et per raccomandate, di che le terremo obligo non mediocre, non tanto per la conservazione di esse, quanto per che il mondo conosca che ella et questa casa sua, sono una cosa medesima.

Da Cerreto, li 27 ottobre 1564.

27. 1564, 29 Ottobre.

Il Duca Cosimo al Signor Don Garzia di Toledo.

Ho sentito contentezza incredibile de' prosperi successi et dell'arrivo in Italia dell'E. V., la quale haverei desiderata di godere, ma dalla sua de' XXVIIII la conosco occupata di maniera nelle cose di Corsica, et nel viaggio di Sicilia, che ne ho perduto per questa volta la speranza. Pure a ventura s'è inviato costì il Capitano Luigi Dovara acciò se la trovasse la visiti per posta del Principe et mia, rallegrisi con lei, et le dia conto della salute di tutta questa sua casa. Quanto alle galere, poichè sono a cura del Principe, lasserò scrivere da lui quel che gli occorre: so bene che se non riposano un poco si disfaranno affatto con contentare chi forse lo desidera, et pur sono così di V. E. come nostre, et anco tengo per costante che a tempo nuovo saranno più necessarie per il servitio di S. M. Catt. che non saranno hora in Corsica, dove non mi pare che possino servire ad altro che a rovinarsi interamente, però etc.... Del biscotto non potrà ella valersi perchè nè in Pisa nè in Livorno ve n'è provisione alcuna, et quel poco di Porto Ferraio non sarà bastante alle galere nostre, et quel che è peggio che questi Stati son penuriosi di frumenti. Il che molto mi dispiace per non poter satisfarle.

Da Cerreto, li 29 ottobre 1564.

28.   1564, 27 Ottobre.

Il Re Filippo al Marchese di Pescara.

Ill.re Marques de Pescara Primo,

Ya saveys el stato en que estan las cosas de Corcega y quanto ymporta al bien de la Christianidad y conservacion de la paz, y a nuestros regnos, senorios y estado dechacer a San Petro Corso, y que este negocio se acave y concluya, si es posible, este ymbierno, por acabar de quitar la ocasion de los rumores que adelante podrian subceder, y de mas de la gente que para esto tiene en aquella ysla los Ginoveses, y de los mill y quinentos ytalianos que he mandado embiar, con don

Lorenço Suarez de Figuerra, me a paresçido proveer que don Garçia de Toledo nuestro capitan general de la mar, pues por estar el tiempo tan adelante, no se podra detener alli con la armada. Por muchas y sufficientes causas que podeis considerar, de XCC nella C, los soldados de napoles y Siçilia que tiene en las galeras y otros mill que lleva de los que en este regno se levantaron para la enpresa del penon de Velez y assi mismo los mill que se sacaron de Lombadia para esta jornada, en caso que don Gabriel de la Cueva, nuestro governador del stado de milan y capitan general en Italia, no los aya menester, ni los embie a pedir, como se lo havemos scribido y scriviemos agora segun lo veerys por la copia de mis cartas que van con esta, y si estos dos mill soldados de lombardia huvieren de bolver a sus presidios, paresçiendo al dieho Gabriel que conviene, tenemos por bien que de los dichos mil y quinentos ytalianos que estan a cargo del dicho don Lorenço, queden los mill solamente, de manera que se hace quenta que entre dos quedaran al presente hasta tres mill y quinentos o çerca de quattro mill, y con este numero, y el que tiene Stefano Doria assi de enfanteria como de cavalleria, y con la artilleria y muniçiones que ay y los pueblos que estan en la obidiençia y deboçion de la dicha Senoria, paresçie que es sufficiente para allanar aquella ysla, y procurar de deschacer este ymbierno al dicho S. Pedro corso, pero toda via por dar mas satisfation y contentamiento a la dicha Sen., y por crescier el numero de ynfanteria sp.la, havemos determinado de embiar otros mill seiçentos soldados de aca, y se cominçaran a hacer lo mas presto que se pueda, segun tempo, assi para reforçar y fornesçir los que venieron de Napoles y Siçilia que necessariamente havran faltado de los que se embarcaron, havendo navegado tanto, como para que los que sobraren, se junten con los mill soldados nuevos que de aca han ydo, los quales acavado lo de Corçega han de yr y llevar se a cerderia para entratener los alli y tener los a punto, para lo que el berano que viene se podrà sofferisçier por mar y por tierra, y haveis de tener entendido que la paga de los soldados de Napoles a de proveer el visorey a quien scrivemos sobrello esta carta que la embiereys, y el dicho don Gabriel a los de lombardia, de la consegnaçion que para ello tienen, y sembiasse por ellos segun esta arriba apuntado han de

quedar a nuestra quenta los mill ytalianos y assi mismo los
mill soldados nuevos que van en las dichas galeras, y los
quinentos de Sicilia, porque de aquel regno no havra forma
de poderlos pagar por el tiempo que estuvieron en Corsega,
y scrivemos al dicho don Garcia que aga entregar las listas de
la gente que queda a nuestro cargo, y la provision del dinero
a Sebastian Lopez de horozco (?) que ha de tener quenta con
ella, para que ly des quente los soccorsos y vittuvallas que
huvieron rescivido, y ordenamos a el y a los otros comisarios
que van nombrados, que hagan las libranças y nominas de las
pagas en forme segun se acostumbra, para que vos las fer-
meys y las cumpla el pagador de la dicha gente, y por que no
aga falta. — Havemos os querido avisar de todo lo sobre tan
particularmente, para que tengais entendido lo que provee-
mos y ordenamos çerca de la dicha gente, y de la paga della,
y por la cumplida satisfaçion que tenemos de Vuestra persona; y siendo cierto que hareis en esta empresa todo lo
ultimo para acabarla y concluyrla con la mayor brevedad que
sea posible, por los grandes ynconvenientes que traeria la di-
laçion, os havemos querido nombrar y elegir por nuestro capitan general por el tiempo que aquella durare y fuera nuestra
volundad; y se os embia el titulo en forma; ruego os y en-
cargo os mucho, que luego que la resçivays, os partais y vay
a la dicha ysla, y visto el stado en que hallaredes las cosas
della y del dicho San Pedro Corço, assi proveays y ordenays
lo que se deve hazer, para si sigan los effectos que de Vuestra
prudencia y experiençia, y del amor y zelo que nos teneis,
speramos, no perdiendo tiempo, pues que en esto consiste
todo el bien del negocio; y al dicho embaxador scrivemos que
en virtud de la carta de creencia hable de nuestra parte a
quella Senoria y les diga y declare lo que mandamos proveer,
y les pida que hordinen al dicho Stefano Doria que os obe-
desca y acate como es razon y lo deve hazer, siendo nuestro
capitan general, y assi mismo los offiçiales y soldados que
estan de baxo del, y la gente y los pueblos de la ysla que
estan en devocion de la dicha Senoria, teniendo toda buena
conrespondencia con Vos; y que provean de las vettuallas,
artilleria y muniçiones, y las cosas necessarias para la brevedad de la dicha enpresa, y para dar mayor favor y calor a
ello, scrivemos al dicho don Garçia que dexe encargado a

Joan Andrea Doria que haya con sus galeras tqdo lo que fuera menester en beneficio deste negocio, y avisar nos eys continuamente de lo que alla passare y se hiziere y proveyere que en ello nos haveys muchos plaze y serviçio.

Del Bosque de Segovia, a XXVII de octobre de M. D. LXIIII anos.

YO EL REY.

---

29.   1564, 12 Novembre.

Concini al Duca Cosimo.

È venuto in questo punto il corriere spedito dal Signor Francesco Montaguto con le lettere sue e di S. M. C., la quale ringranziando il Principe, mio . Signore, molto affettuosamente, si rimette a quanto scrive del Negotio a l'Eccell. V. Egli senza aprirle m'ha comandato ch'io le mandi a quella, sie come fo con il medesimo Corriere....... Il negotio per il quale andò il Signor Francesco, è stato trattato solamente dal Signor Duca d'Alva, se bene il Confessore e don Luigi d'Avila hanno fatta grande instantia per saperlo....

Da Fiorenza, il 12 novembre 1564.

30.   1564, 26 Ottobre.

Il Re Filippo al Duca Cosimo

Don Phelippe por la graçia de Dios Rey
de Espana, de las dos Siçilias, de Hierusalem etc.

Muy Ill.e Duque, nuestro caro primo. A xxj del presente
recibi la carta de vuestra mano que me escrivistes à xxj del
passado con Montagudo, y antes avia ricibido la de xxxiiij del
mismo por mano de Garces con los avisos de Roma, que enton-
ces aviades tenido. Por la que truxò el Montagudo, y copia que
con ella venia de la que os avia escripto San Pedro Corso, y
lo que de palabra me avisais, que os avia embiado à dezir con
la persona que os la truxò, he visto la offerta que os baze de
entregaros la Corcega, y la que vos à mi me hazeis, que, que-
riendola yo acceptar, sereis instrumento para que venga à mi
poder. Lo qual y todo lo que sobrello discureris, estimo en lo
que es razon, y os lo agradezco mucho, porque conozco que
procede de la afficion que me teneis, y desseo de encaminar lo
que os paresce, que me estaria bien, y de desviar lo que potria
traer algun dano o inconveniente à mis cosas y estados. Y assi
como yo tengo de vos este concepto y confiança, assi tambien
somos cierto que vos teneis tan conoscida la verdad y since-
ridad con que procedo con todo el mundo, y tanto mas con
mis amigos y servidores, que no sera menester representaros
lo de nuevo; mas de deziros que teniendo yo por tales à los
Ginoveses, y estando de bazo de mi protection, como sabeis,
por ningun interesse humano les bolveria el rostro en el caso
presente, ni dexaria de hazerles la buena amistad y obras que
he començado, y ellos de mi confian; tanto que aviendome
sido pedido eon instancia de parte de la Reyna Christianis-
sima que yo quisiesse consentir que se tractasse de algun
medio para poder retirar al dicho San Pedro Corso de la empresa en que se ha metido, confessandome que se avia arro-
jado con sola desesperacion y sin ningun fundamento ni espal-

das; he guardado y guardo tan enteramente el rostro à los
dichos Ginoveses, por ser mis amigos y confederados, que in
ninguna manera he querido venir en ello sin su voluntad y
entender primero si les cumple, y està bien, gustando yo en
ayudarles para allanar aquella isla, lo que deveis saber. Quanto
mas que se ha de considerar que no sois vos solo à quien la
ha offrescido el dicho Sanct Pedro Corso; sino que ha escripto
y offrescido lo mismo al Papa, al Emperador, al Rey de Francia, y à mi y à otros, y nel mismo tiempo que à vos con un
capitan que embiò à la corte de Francia, segun me avisa Don
Francés de Alava, que al presente reside alli à mis negocios;
aunque el no lo quisò oyr, ni recibir la carta que le dava para
mi. De manera que se vee bien claro que su negocio es arti-
ficio, y procura de valerse del que le cuisiere acudir y favo-
rescer para venir à su designo. Y pues esto es assi, ruego os
muy affectuosamente que vos echeis fuera esta plàtica de todo
punto, y declareis al dicho Corso que directa ni indirecta-
mente no la aveis de admitir, ni oyr mas, ni darle ningun ge-
nero de favor ni ayuda. Porque, viendose desamparado de
Francia (como en effecto entiendo que lo està), y quitada la
esperança que, con color de entregaros la isla, avia concebido
que vos le aviades de ayudar; y con las fuerças que yo agora
de nuevo mando embiar alli; se apretarà de manera el dicho
Corso que tengo por cierto que facilmente serà deshecho; y
que lo de alli se acabarà de assentar dentro de pocos dias,
como conviene, y que vos tenreis por buena esta mi resolu-
cion, pues veis que no tengo fin à interesse mio particular,
sino sola y principalmente à la conservacion de la paz y so-
siego publico, y que los Ginoveses, que estan de baxo de mi
amparo y protection no sean inquietados por traycion de un su
vassallo rebelde. Y quanto a lo que apuntais que aviades oido
que Franceses praticavan en Genova, aunque tengo por cierto
que sus maquinas no seran parte para enggenarlos de mi devocion y servicio, toda via si huvieredes entedido algo de fundamento. os ruego me deis aviso dello, como la ofresceis, y
yo de vos la confio, y tambien de lo que mas supieredes del
casamiento que vestro embaxador que teneis en Roma os
escrivio, que se tractava del Conde Annibal con la hermana
del duque de Ferrara y de la diligencia que os pareciere que
conviendra que yo haja de mi parte si la cosa passasse ade-

lante. Aunque el Conde que esta qui ajora no me ha dicho cosa ninguna dello.

Tengo per cierto que de la mejoria de la Reyna, haveis olyda quanto dezis, por que asi lo deveis a mi voluntad, y agradera os mucho el haver hecho hazer oracion por su salud, que segun el extremo a que elego todo fue menester. La convalessenscia va de manera que espero en nostro Senor, estara presto del todo sana et os tenga, muy Illustre Duque nostro muy caro primo, en su continua guarda.

De Madrid, a veinte y cinco de octubre de 1564 anos.

YO EL REY.

31.   1564, 14 Novembre.

Il Duca Cosimo a Concini.

Si manda con questa quel che vien della Corte onde si vede la resoluzione del Re; rimandami la lettera del Re e quella del Montaguto; il resto potrai serbar costi: delle resoluzioni fatte di qua sopra Corsica, alla fine di questa dico il tutto acciò il Principe ne sia informato.

Le cose di Corsica restano come di sotto diremo. Don Gartia non va più in Corsica, ma manda 20 galere con forse 1500 Spagnoli che Dio voglia non vadino al sacrifitio, e li Genovesi non hanno sorte alcuna di provisione, e le galere non hanno da mangiare, di modo che li stessi Genovesi giudicano di non far altre imprese per questo verno sino a primavera, se non teatar debolmente al mio parer Portovecchio; Stefano Doria dicon li stessi Genovesi esser morto di sua malattia; li altri advisi sono qui scritti dal Baroncello, ma il padrone era partito quando cercamo intender il vero: dice D. Gartia che li Genovesi hanno nuove che il Re vuol far 10 mila fanti e capo il marchese di Pescara per mandarli in Corsica, ma credo ce n'andremo a primavera che sarà a punto quel che noi habbiamo detto che è il peggio de' peggi in questo negotio: Don Gartia chiese a Genovesi molte cose necessarie, promesson bene, e non hanno fatto nè questo nè altra cosa, di modo che don Gartia che haveva poca voglia d'andarci, con lor voluntà da quei pochi fanti e se va in Sicilia a riordinar l'armata, per a tempo nuovo, e in Corsica non ci è chi governi, salvo Don Lorenzo Figherra nostro già milite nella guerra di Siena, e se il Re non piglia questa impresa dadovero, li Genovesi daranno nelle scartate: habbiamo scoperto humori e disegni che son da dir e scriver al Principe con più comodità. Don Gartia partì stanotte alla terza guardia e a lasciato qui 4 galere per levar li biscotti; stara 3 dì in Ferrajo per pigliar mostra alle infanterie, e non l'ha fatto qui per che non se li fughino, li quali hanno da aver 3 paghe e murmurano e non vorriano in modo alcuno andar in Corsica; e da poi che è arrivato se ne son fuggiti un mondo, e non ne lascerà pure smontar uno in terra, perchè tutti s'andriano con Dio. E questo è quanto della istoria di Corsica e galere si può in fretta scrivere.

Da Fiorenza, lì 12 novembre 1564.

32. 1564, 17 Novembre.

Concini al Duca Cosimo.

Rimando a V. E. la lettera del Re, et quella del Sig. Francesco Montaguto.... La risolutione di S. M. Catt. intorno al negotio di Corsica non è stata nuova al Principe mio Signore, che mi pronosticò il medesimo fin quando il Montaguto andò. Ben gli dispiace che il Re s'inganni in questa materia, assicuratosi nell'imbasciate della Regina (accenna forse a Caterina), perchè non havendo egli saputo pigliar l'occasione che gli offriva, nè essendo per domare quell'isola sì facilmente come si persuade, basterà alli Franzesi d'haver fatto qualche complemento, et col pigliar poi la protectione di San Pietro, si scuseranno d'haver proposto a S. M. Catt. che dovesse pigliarsi qualche mezo, che non l'havendo preso, essi non possono abbandonare un lor creato, nè chi si butta loro in braccio. Doverebbe accorgersi il Re del mal animo de' Franzesi, poichè gl'impediscono la lega con Svizzera, et attendono essi a concluderla per loro, nè vogliono che si faccia mentione dello stato di Milano, nè del Regno di Napoli. Crede il Principe mio Signore che queste fantasie del consiglio di Spagna habbiano a esser cagione di perder quell'Isola, et per conseguentia facilmente alterar Genova; et forse i Genovesi, poichè la veggono perduta, non si curino che l'Ecc. V. habbia un vicino da travagliarla. Se il marchese di Pescara assaggerà quella impresa, la gusterà d'altro sapor che le giostre et li banchetti di Milano. Solo il Sig. Don Gartia l'ha intesa bene a tirar a dilungo a Sicilia, per non mettere in Corsica della sua riputatione, perchè, come dice V. E., questi poveri et pochi Spagnoli vanno a immolarsi, et forse a morirsi di fame per le male provisioni de Genovesi. — Qui il Duca nota: « Lega l'asin dove vuole il padrone; se si scortica suo danno: il Sig. Aurelio porta la confermatione della presa di Corte: d'aver San Piero amazzato 800 fanti de' Genovesi e buon pro ci faccia.... »

Da Fiorenza, li 17 novembre 1554.

---

33.   1564, 30 Novembre.

Concini al Duca Cosimo.

È tornato il Sig. Francesco Montaguto mal disposto di febre, pur pensa che verrà da V. Ecc. dimane o l'altro; ha referto al Principe mio Signore che la commune opinione di quella Corte è che S. M. Catt. debba impatronirsi della Corsica; il Sig. Principe lo crede, sì per le ragioni che l'Ecc. V. scrisse alla Maestà Sua, sì per le lente provisioni che vede farsi, massime passando a lungo il Sr Don Gartia, che è forza non sia senza participatione del Re, il quale il Principe mio Signore si persuade che s'ingegnerà artifitiosamente di straccare li Genovesi, perchè venga loro a fastidio la spesa, et lassino a S. M. tutta la cura; et se ben ella rispose a V. E. della maniera che fece, non harà voluto ch'ella possa sospettar che la M. S. appetisca all'altrui. — (Qui il Duca nota: « Il caso si è che questa non sia la favola del topo e della ranocchia »). Continua il Concino: « . . . . Venne finalmente hiersera alla notte il Sig. Chiappino . . . . dice non esser vera la morte di quelli 800 et che San Piero non ha che Portovecchio da valersi dal mare, et quello è di poco momento, et in somma che egli anderà a gambe levate. — (Qui pure nota il Duca: « È chiaro che andrà a gambe levate, lui (?) è genovesissimo e li fanti furno disfatti e ne fu amazati 500 che habbian parlati a molti, ma il bello è che li Genovesi non si fideranno di lui quanto a lungo il naso...») Passò di qui hieri il fratello del Marchese di Pescara, carezzato dal Principe mio Signore. Dolevasi che S. M. Catt. si servisse del Marchese sempre in cosa da portargli poco benefitio et honore, et quel che più gli premeva che gli era stato co 'l secondo dispaccio della Corte stremato il numero della gente che doveva menar in Corsica, mostrando in somma molto poca satisfatione. Il Sr Principe li rispose tuttavia accortamente per la parte di S. M. Catt. animando (?) quel Signore che l'impresa era honorata da dar molta fama al marchese, non potendo in verità i Corsi resister alle forze di S. M. Catt. nè de' Genovesi. » — (Qui il duca nota: « Se va con quelle forze, perderà la riputazione ».) — Il Concino continua: « Il Sig. Don Gartia ha mandato un piego al Sig. Marchese di Pescara acciocchè il Principe mio Signore glie l'inviasse a Milano. Io l'ho visitato, et vi si trova la lettera, la cui copia sarà con questa che piacendole me la potrà rimandare » — (Il Duca nota: « Si rimanda, e sel re finge o ci è or coperto lo fanno in modo che li ciechi lo vedrebbono, se dice il vero, mai viddi più debol risolutione. »)

Da Fiorenza, li 30 novembre 1564.

34.   1564, 27 Novembre.

Il Duca Cosimo al Re Filippo.

Non mancarò di far quanto V. M. m'ordina nel particolar delle cose di Corsica, et di già quando ricevetti la lettera di quella era comparso Don Gartia di Toledo, et per le poche provisioni di vettovaglie che aveva tro;ate in Genova, male poteva condurre la gente in Corsica, onde la providdi di tanti biscotti quanti mi domandò, di poi stato un giorno si partì et Giov. Andr. Doria è già arrivato in Corsica, et andava per pigliar Porto vecchio.

Da Pisa, il 27 di novembre 1564.

35.   1564, 11 Dicembre

Il Duca Cosimo a Sampiero.

. . . . Ma non habbiamo voluto accettar tal offerta, e or tanto manco possiamo farlo, quanto il Re di Spagnia, con il quale habbiamo nostre capitulationi, s'è chiarito, a stantia de' Genovesi, volerli adiutare. Ci dispiace de' vostri travagli e di quelli gentilomini e populi, desiderando la quiete di cotesta isola, con pace e buona gratia di tutti, restandoci il buon animo verso la persona vostra particulare, e di cotesti gentilomini e popoli....

Da Seraveza, li 11 Dicembre 1564.

36.   1564, 14 Dicembre.

Il Signor di Piombino al Duca Cosimo.

Hiersera a hore tre di notte passorno due galere le quali venivano dalla volta di Corsica, et per quello che ha detto una barca che le ha trovate, sono del Sig. Gio: Andrea. Non s'è potuto haver nuove, non si essendo ferme. Stamattina è poi comparso le cinque galere di Rodi.... Con le medesime galere è venuto un cavaliere di S. Iago Spagniuolo, il quale va per M. di Campo in Corsica, et ragionando con seco di quello si dice in Genova, mostra restar molto mal satisfatto, dicendo che i Genovesi si fanno beffe di questa impresa tanto che pare non li tocchi, et che S. M. resta burlata; però se lui ha da spender nell'impresa, è honesto che quello che acquisterà sia suo, et che così ha detto all'Ambasciatore et a la Signoria. Dice che in Genova aspettavano il Marchese di Pescara, et che lui doveva passare in Corsica con diverse fanterie, ma che i Genovesi han promesso a S. M. che il Marchese vi troverà diece mila fanti Italiani, e quali vede non vi sono, nè vi sono per essere, a tale non crede il Marchese vi passi. Dice similmente questo cavaliere che quando S. M. l'ha spedito di Corte, gli ha ordinato che faccia ritornar il terzo di Lombardia, che è in Corsica, in Terraferma, e mi par molto piacevole per i Corsi.

Da Livorno, li 14 Dicembre 1564.

37.   1565, 14 Aprile.

Sampiero ad Aurelio Fregoso.

Ill.mo Sig. mio sempre oss.mo,

Non se maraviglierà la Ecc.a V.a se fino a qui non li ho
scritto, che già sono molti mesi, perchè il difetto è stato della
incomodità del passaggio, ma no già dall'animo, che sempre
è stato et è pronto darli de nostre nove. E venendomi questa
bona occasione, mi è parso scrivervi questi pochi versi, e farli
asapere come havemo preso el castello di Corti, qual resta
nella medietà della isola, molto inespugnabile. Poi è sopra-
giunto ventidoi galere con doi milia Spagnoli, et all'impro-
vista preseno Portovecio, et da ivi a giorni smontarono l'artiglieria in terra al castello d'Istria con quattromilia fanti: il
quale presono per colpa del capo che era dentro, che lo abban-
donò per paura, di modo che vi lassorono settanta soldati, e
centosettanta ne lassorono in Sarteni. Poi partendosi esse galere, ne andò a traverso tre; et essendo questo seguito, io
andai allo assedio di Sarteni, et in ispacio di un mese lo presi,
et tagliamo a pezzi tutti li soldati, e poi andamo al castello
de Istria, che per forza e per assalto lo presimo con doicento
soldati Côrsi, e senza artiglieria: e posimo li soldati in una
cisterna per loro sepoltura. E parendoci a proposito, si è fatto
la general viduta, dove è concorso tutti o la maggior parte
delli Sig.ri caporali, gentilhuomini o popolo di Corsica, li
quali tutti concordi ad una voce hanno domandato a S. E.
Ill.ma per signore e padrone. Però mi é parso, per il desiderio che hanno et che haviamo dato principio, mandar a posta
il presente portatore per concludere con S. E. Ill.ma quanto
sarà di bisogno, pregando la E.a V.a sia contenta (sì come
tengo per fermo) che solleciti e facci ogni opera di voler accettar questa impresa in palese o in segreto; perchè con ogni
poco di ajuto, cioè lo agiuto del Signore, ne verremo al nostro
disegno. Et quando S. E. Ill.ma non vogli far questo (cosa che

non credo), potrà far ogni opera con la Ecc.ᵃ del Principe che accetti lui questa occasione et impresa. Io desidero che S. E. volendo far questa impresa che mandassi qua la Ecc.ᵃ V.ᵃ o qualche altro suo fidato per far li capitoli, che li faremo di sorte che si accontenterà. E perchè mi assicuro che la cura vostra ne farà ogni opera, aspetto la sua grata risposta, et di tutto core me le raccomando, pregandole ogni felicità e contentezza.

Da Giussani, lì 14 aprile 1565.

Di V. E. Ill.ᵐᵃ

affecionatissimo servitore

SANPERO CORSO.

38.　　　　　1565, 15 Ottobre.

Il Duca Cosimo a Baroncelli.

Li avvisi venuti con la vostra del 14 delle cose di Corsica, ci sono stati molto grati et piacerà che così perseveriate di fare sempre che vi venga cosa degna di nostra notizia.

Da Fiorenza, li 15 otobret 1565.

39.　　　　　1565, 26 Ottobre.

Il Duca Cosimo a Baroncelli.

. . . . . Sono comparse poi due altre vostre di 22, et quanto alli huomini che si trasferiscono di Corsica con animo di fermarsi ad habitare in cotesto porto, non vi diremo altro, se non che quando venghino, ci risolveremo a far loro carezze, e riceverli volentieri.

Da Fiorenza, li 26 ottobre 1565.

---

40. 1567, 6 Febbraio.

Il Duca Cosimo al Re Filippo.

Nel passar di questo corriere ancor io torno di campagna, et stando a vedere alcuni giuochi carnevaleschi, mi vien detto che ci è un huomo di portata mandato dal figliuolo di Sanpiero Corso per conferirmi alcuni sui concetti e disegni in materia di quell'isola, sendoli mancato il padre; et facilmente potrebbe essere la venuta di costui sopra le medesime offerte di Sanpiero, scritte già da me nel principio alla M. V. Intenderò dalla voce viva la ragione, et ne darò a lei fedele ragguaglio; fratanto, non mi parendo da detenere il corriere, ho voluto che ella sappia quel che ci è fino a hora, havendo ella a esser sempre consapevole d'ogni mia attione.

Di Fiorenza, de' vj febraio 66.

---

41. 1567, 18 Febbraio.

Il Duca Cosimo ad Alfonso d'Ornano

L'antica servitù di Sanpiero vostro padre con il nostro, c'habbian gloria, et la devotione ch'egli ha mostrato sempre verso di noi et della casa nostra insieme con tutta quella amorevolissima natione, ci han fatto sentire la morte sua con molta amaritudine. Voi per una banda dovete dolervi grandemente d'esser privo di genitore sì valoroso, ma per l'altra havete a gloriarvi et pigliar molta consolatione d'esser figlio di padre così raro, con ingegnarvi d'imitarlo virtuosamente in ogni vostra attione. Il secretario vostro con la vostra de' 18 del passato ci ha dato conto di tutto il successo non senza molto nostro dispiacere, et esposto di più le sue commessioni. Per quel che tocca al vostro particulare, tenete per constante che in voi è convertito tutto l'amore che portavamo a Sanpiero, per farvelo conoscer dalli effetti in ogni occasione, ringratiandovi della vostra cortesia et delle offerte affettuose; certificandovi che questa casa sarà sempre aperta per voi, nella quale troverete tuttavia tutte le comodità che giudicherete esservi opportune, et appresso ogni honorato luogo, chè così costumiamo di far con li amici et cose loro, vivi o morti che siano, tra' quali voi haverete di continuo parte de' primi luoghi. Quanto al restante, semprechè intenderemo qual sia la mente di quella natione amatissima, s'accorgerà della buona volontà nostra et della memoria che conserviamo delle sue amorevoli dimostrationi. Mandiamo perciò Aurelio Fregoso in Portoferraio afinchè col mezo suo si possa più comodamente farmi nota l'intentione et desiderio di quello universale, dal quale non ci lasceremo mai vincer di volontà nè d'amore, sì come dal prefato Signore et dal lor secretario potranno più largamente restar certificati.

Di Fiorenza, li 18 di febraio 1566.

---

42.   1567, 18 Febbraio.

Il Principe Francesco ad Alfonso d'Ornano

Dalla lettera del Duca nostro Signore intenderete quanto si sia deliberato su la venuta del vostro secretario, il quale ha reso all'uno et all'altro di noi le vostre de' 18 del passato.

Laonde non mi resta che dire se non aggradirvi la vostra affettione et il desiderio che mostrate di voler succeder nella medesima devotione del Signor vostro padre, che sia in cielo, verso di noi et della casa nostra, nella quale v'assicuriamo che troverete sempremai ogni comodo et honore; potendo ancora certificare tutta quella affettionatissima natione che saremo perpetuamente ricordevoli del buon animo loro per contraccambiarvelo tuttavia in ogni occorrentia largamente, non essendo noi ingrati di chi si mostra amorevole, ma amici d'opere et d'effetti assai più che di parole.

Di Fiorenza, il dì 18 di febraio 1566.

---

43.   **1567, 23 Febbraio.**

Il Duca Cosimo ad Re Filippo

Serenissimo et Cattolico Re,

Quando io pensavo che per l'accidente di Sanpiero li travagli di Corsica dovessino quietare, allhora li veggo in peggiore stato che mai; perchè, di consenso de' suoi seguaci, mi scrive Alfonso d'Ornano figliolo del detto Sanpiero con una sua de' xviij del passato la morte di suo padre, con pregarmi a ricever lui nel medesimo grado d'affettione, rimettendosi a quanto di più mi direbbe il secretario suo che m'ha portato la sua son più giorni, sì come scrissi alla M. V. Costui mi riferisce che quella natione ha giurato fedeltà al detto Alfonso, promettendo di voler morire prima che di tornare sotto l'obedientia de'Genovesi; soggiugnendo che, se bene Sanpiero è morto, non è diminuita punto l'autorità et il credito del figliolo: anzi afferma esser cresciuto, perchè alcuni di quei principali che competevano con il padre se gli sono accostati et lo portano innanzi, parendo loro d'haver parte con questo giovane, et di poterlo disporre diverso tutto da quel che interveniva loro con quel vecchio; talchè la morte sua ha causato unione et fermezza più presto che debilitato quelle forze. Laonde con molte calde preghiere m'invita a pigliare la loro protettione, representandomi il desiderio che ne mostra tutta quella isola, per essere stata sempre affettionata a mio padre et a questa casa; protestandomi che, non accettando io questa loro spontanea et amorevole offerta, tiene commissione d'andarsene in Francia a offerire il medesimo alle Mta Christianissime, per le quali ho veduto le proprie lettere; et se esse lo ricusassino (il che non credo, sapendo che tutto l'aiuto di Sanpiero è venuto da loro), asserisce esser resoluto insieme con li altri di chiamare il Turco et di sottomettere quella patria all'Imperio infedele. Io l'ho intertenuto qui questi giorni per disaccarlo bene, et vedere se egli stava in un medesimo proposito; et perchè lo trovo constante in un dir solo, ritenendo lui qui, ho rimandato indietro un suo confidente con affettuose parole, con ordine che riferisca la mia buona voluntà, et che quando intenderò l'animo di quell'universale con altro che con semplice parola d'un mandato et della lettera d'Alfonso, allhora mi risolverò di quanto vorrò fare. Et questo ho fatto per due cagioni: l'una, perchè costui non passi al Christianissimo, dal quale quella fattione è stata sempre favorita et fomentata, sapendo io per più riscontri, et da costui frescamente, che quella Mta ha sumministrato loro infra le altre cose venticinquemila scudi o più; la altra, per avere con questo pretesto commodità di farlo intendere alla M. V., conciosiachè, havendole io dedicato li stati e la vita, non intendo d'operare mai cosa senza sua partecipazione et che non sia di suo servitio, se bene quanto haverò sarà sempre a ogni dispositione di quella; perochè, se altrimenti mi risedesse in petto, o che ambissi et appetissi l'altrui, haverei accettato il partito propostomi, per farne poi quanto da lei mi fusse stato ordinato. Hora ella intende quel che gira attorno, et con la sua somma prudentia examinerà quel che le comple, considerando che i Corsi sono risoluti di imitare li Saguntini più presto che ricevere le conditioni da'Genovesi; talchè, quando non restino consolati, non è dubio che si butteranno in preda di Francia o del Turco. Et ciò succedendo, non passa senza molto travaglio delli stati di V. M.; et io, oltre all'essere reputato per uno de'principali divoti et servitori di quella, sono sì vicino che sarei posto in continua inquietudine, molestia et spesa grave da redundare in disservitio et dispiacere della M. V. La quale, se per la occupatione che facessero i Franzesi o il Turco di quell'isola, fusse constretta a volgervi le forze sue, considererà facilmente col suo optimo iuditio che risentimento farebbono l'alterationi della Fiandra, et che perturbationi partirebbono la Sardigna et altri luoghi delli stati di quella. Dove che, colle offerte che mi fanno costoro assicurerebbe le cose sue, non si darebbe occasione al nimico di guadagniar campo, nè d'avvicinarsi alle viscere dei suoi regni et delli stati, nè si provocherebbono li Genovesi, poichè verrebbono privati del medesimo da chi non si contenterebbe di quelli termini e confini. Aggiungendo che tutto si può fare senza innovare o metter mano a cosa alcuna, bastando a'Corsi d'esser sicuri della protettione che desiderano, et di sapere d'haver padrone, perchè, quanto alle forze, non è necessario ch'io mi scuopra, non tenendo essi conto alcuno de'Genovesi soli; anzi si promettono di guadagnar ogni giorno qualche piazza, sì per l'unione loro, sì per esser soldati di natura, et hoggi migliori per la continua esercitatione in che li ha posti la necessità; potendosi ella persuadere che fanno 12 milia persone da combattere, et combattono per lor proprii. Talchè per un anno non sarebbe chi si accorgesse di tal mutatione, perchè essi medesimi non solo si difenderebbono, ma anderebbono acquistando. Sichè V. M. mi comandi, conderato il tutto, quel che le piace che faccia; chè io per servirla et fuggire ogni pericolo che mi soprasterebbe da'Franzesi et dal Turco postporrò ogni rispetto et ogni cura, potendosi la M. V. assicurare d'esser padrona assoluta d'ogni cosa che fusse in poter mio. Invio questo corriere in diligentia per haverne presta risposta, acciò che col tardare non si tenessino i Corsi uccellati, et seguitassino li altri loro disegni, i quali sarebbono interrotti da questo patrocinio che senza alteratione o novità si potrebbe pigliare in così buona occasione, che per niente si dovrebbe perderla, poichè si presenta con tanta facilità et tanta iactura di chi so che non mi ama, et anco delli emuli della M. V.; la quale, oltre alli altri avisi che debba tenere, potrà comprendere agevolmente l'animo loro dalle copie delli alligati che ho io, donde spesse volte s'è penetrato il vero de'segreti et andamenti de'Franzesi et del Turco. Facciane V. M. quel capitale che conviene al suo servitio: bastando a me che da quel ch'io posso et potrò sempre, ella scorga dentro le viscere mie la voluntà et l'incarnato desiderio di servirla. Et se bene altra volta mi risolvè in questa medesima materia, ho voluto nondimeno su questa nuova occasione representargliele, parendomi che possino esser mutati tempi et conditione: nè mi dispiace di essere imputato di troppa curiosità in caso tanto importante più presto che di troppa negligentia.

---

44. 1567, 28 Febbraio.

Il Duca Cosimo all'Imperatore Massimiliano

È di debito mio, oltre alla promessa fatta altra volta alla M. V., ch'ella intenda da me ogni mia attione, havendomela io proposta per supremo signor et padron mio. Io mi rendo certo che V. M. si ricorda dell'offerta che già mi fece Sanpiero Corso et della risposta ch'ella benignamente me ne diede. Alle settimane passate Sanpiero fu morto, et invero mi pensavo che sendo mancato questo capo così valeroso, quelle cose di Corsica fussino certo modo accommodate. Veggo nondimeno il contrario, perchè Alfonso suo figliolo ha cresciuto di credito et d'authorità, havendo ricevuto giuramento da tutta quella fattione di seguitarlo et di perder la vita loro et de'figlioli prima che sottoporsi a l'obedientia et governo de'Genovesi. A questo giovane si sono accostati tutti quelli principali che tenevono competentia col padre, perchè lo consigliano et governano, et par loro di haverlo trattabile a lor modo. Hor costui mi scrive per il suo secretario in sua credenza, et come ricordevole della servitù che Sanpiero et tutta quella natione ha tenuta con questa casa, mi dà conto di quella morte, pregandomi a ricever lui nel medesimo luogo di benevolentia, et con molta istantia cerca di persuadermi a pigliar la protettione di quell'isola; representandomi la inclinatione et spontanea voluntà di tutti, le commodità, le forze di 12 milia fanti da arme, et per natura et hoggi per la continua exercitatione ottimi soldati, con la poca stima che fanno delle forze de'Genovesi, a'quali basta lor l'animo di dar ogni giorno delle botte et acquistar terreno più presto che perderne un palmo; altrimenti mi protesta di chiamar il Turco et li Franzesi, mostrandomi le lettere che porta per le MM. Cristianissime. Hogli risposto cortesissimamente, et inviato là persona espressa per trattenerlo sotto pretexto d'assicurarlo della mia buona volontà verso di lui, la quale non metterei in executione su una semplice sua lettera: ma quando intenderò qualcuno di quelli altri primati, et vederò mandato autentico, mi risolverò di quanto giudicherò convenirsi; et questo ho fatto per intertener questo secretario che non vada in Francia finchè io significassi tutto alla M. V. et n'havessi risposta. Ella dunque si degnerà di darmela quanto prima per il medesimo corriero che mando in diligentia, considerando con la somma prudentia sua di quanta perturbatione et danno mi sarebbe la vicinanza del Turco, et di Franzesi, potendo V. M. comprendere qual sia l'animo et disegno loro dalli avvisi alligati; et per l'amore che porta a questa casa non le sarà grave comandarmi quel che io habbia da fare, poichè i Corsi non domandano altra cosa, nè occorre innovar altro se non assicurarli di questo mio patrocinio, sendo sufficienti da per loro stessi a difendersi da'Genovesi, i quali anco non dovrebbon dolersi di ciò, da che per ogni modo ne sarebbono spogliati da'Franzesi o da l'Imperio turchesco; reducendole a memoria che siamo in altri tempi et in altre conditioni che l'altra volta quando le proposi simile invito, et quanto sarà in me et in questi miei figli, suoi servitori perpetui, sarà tutto a libera dispositione della M. V. Ho dato di ciò conto alla M. Cattolica per esser una cosa medesima con lei.

Di Fiorenza, li 28 febbraio 1567.

45. 1567, 20 Marzo.

Il Cavalier de Nobili al Principe don Francesco

La tardità, con la quale caminano qua tutti i negotii, rade volte viene sollecitata da qual si voglia sorte di diligenza. Non si doverà dunque V. E. I. maravigliare, se il corriere s'è ritenuto qui dieci giorni. Finalmente espedito si rimanda a V. Ecc. et la sua espeditione è passata di questa maniera. Arrivò a' dieci et per cagione d'un flusso di sangue, che mi prese a mezzo il camino di Lisbona non meno di paura che di pericolo, io non era tornato a la Corte et perche Oliverotto aperse il plico, veduto quanto V. S. I. comandava, subito presentò il plico a S. M., la quale trovo in congiuntura, che voleva montar in cocchio, et andarsene al Pardo. Subito S. M. aperse la lettera, et le lesse, et se le mise nella tasca, et montato in cocchio, seguitò suo camino, et fu visto che caminando tornò altra volta a rileggerle. Presentò similmente Oliverotto la lettera al Sig. Rui Gomez, dal quale fu ricevuto con molta cortesia offerendo in voler far il servitio di V. E. tutto quel ch'era possibile; et così in questo, come in ogni altra cosa, che a le offerirà, ringratiandola della buona opinione, ch'ella tiene di lui con amorevolissime parole. Stette S. M. al Pardo tre o quattro giorni, ne in questo mezzo si sentì, che il negotio fosse partecipato con nissuno ne del consiglio, nè de' segretarii. Intanto si sollecitava ogni dì Rui Gomez per la risolutione; il quale sempre promettea che la procurerebbe, et egli ne piglieria la cura. Io arrivai et subito fin da Rui Gomez, con il quale discorsi a lungo sopra questo negotio conforme a quanto io vedea esser di bisogno per la copia della lettera di S. M., mostrandoli, con quanto giusta cagione V. E. I. prevedea molti travagli, che potriano haver origine da la mala dispositione delle cose di Corsica; et per desiderio del servitio di S. M., et per la sicurtà dell'interesse di V. E. proponevo il modo dell'assicurarsene tanto più facile, quanto s'offeriva da se medesimo distendendomi in questa materia, quanto mi parve a proposito. Mi rispose che S. M. saria sempre pronta a la grandezza di V. E. I. ma che in questo negotio non sapea di che maniera potesse acconsentire che la Corsica propria de'Genovesi venisse in mano di V. E. senza havergliene essi dato nissuna sorte d'occasione; et il torre a uno per dare a un'altro non li pareva offitio da farlo senza cagione. Io replicai che non si trattava, se si havea da torre la Corsica a'Genovesi, et darla a V. E. ma si bene levarla di mano a Francia, o al Turco, o a Luterani, o a la vicina distruttione, et porla alla custodia di V. E.; nè era questa consideratione solo per quello che importa a la Corsica, ma per quel che si vede, che può importare un principio d'incorrere a maggior disordini, che a la fine la parte di Corsica per se propria è di poco momento. Rispose mi S. E. che quando i Franzesi, o il Turco, o qualsivoglia metterà mano scopertamente in romper da quella banda, si tiene S. M. sufficiente a romperli la testa, et mostrar a ciascuno che non si devono fomentare le ribellioni, et che è pronto a difender V. E. nelle occorrenze; et è certo anco, quando sarà di bisogno, che V. E. concorrerà seco a gastigare chi si vorrà intromettere. Et pare a S. M. che questa fattione di S. Pier Corso sia ben atta a poter infastidire i Genovesi, ma che la non habbia forse da poter dare speranza nè a Francia, nè a nissuno di farvi progresso d'importanza, atteso che non hanno luoghi forti, et sono gente di montagna. Et quando alla fine non saranno fomentati da nissuno, et che non si venga a fare a la scoperta, saranno forzati tornare alla obbedienza che devono, et questo et molte altre cose simili soggiunse che V. E. vedrà ne la lettera di S. Maestà e ne la sua. Soggiunse anco che li saria piaciuto che V. E. si fosse mossa scopertamente risentendoli, si come ha fatto, di que' pericoli, che soprastanno, se a le cose di Corsica non si pone rimedio, protestando a Genovesi, et proponendo a S. M. che se Genova non fa ogni sforzo per levar cotesto nido, et cerca finalmente con ogni suo potere prevenire ogni disegno di questi fattiosi, et con un gagliardo impeto opprimerli, V. E. sarà forzata, per quanto tocca al suo interesse, d'assicurarsi di que'danni che potria ricevere la Toscana dalla tiepidezza de'Genovesi, perchè non li par sicuro nè utile per quella Republica il mandar

in lungo questo negotio con tanta flemma, nè anco li par ragionevole di comportar tanto tempo que'pericoli che soprastanno stando la Corsica di questa maniera, et che per questo
quando i Genovesi non si delibereranno di fare quel che pare,
che sia di necessità per beneficio loro, saranno forzati coloro
che possono partecipare de'danni della loro negligenza a ri-
scatirsi; intra i quali V. E. è quella che è più esposta a quel
pericolo, et debbe giustamente pensare al suo interesse pos-
sendo con facilità liberarsi da ogni sospitione, et come più
largamente devra il Sig. Rui Gomez scriverne a V. E., la
lettera del quale insieme con quelle di S. M. saranno con
questa. Questo è quanto in ciò è seguito. Il filo mi par attaccato per questo camino, et se V. E. tornerà a replicare, cre-
derò che il Sig. Rui Gomez ci sarà favorevole: ma sopratutto
mi par ritrarre che S. M. non vuol comportare che i Corsi
siano fomentati contro i Genovesi copertamente; perchè li
parria far loro troppo pregiuditio. V. E. vedrà per la risposta
la sua intentione, la quale in verità non è stata participata, se
non con Rui Gomez et Antonio Perez segretario, et questa
segretezza ha dato molto che dire a tutta questa corte et materia a molti discorsi; et è occorso che qualcuno ha dato nel
vero perchè l'haver fuggito il corriere Genova et Milano, et
l'essersi qua saputo che a Livorno era sbarcato Corsi, ha
causato che questi penetrativi la maggior parte han dato in
brocco, se bene S. M. ha fatto molto segretamente questo
negotio. Tornando V. E. a replicare, io non mancarò et con
S. M. et con Rui Gomez usar ogni sorte di persuasione, che
mi sovverrà . . . .
Non lascerò di dire a V. E. come S. M., quando ricevè le lettere di V. E. et del S. Duca . . . . . usò parole molto amorevoli . . . . . ni pretermetterò anco di dirli che di questo
ultimo negotio di Corsica non credo che il Re m'abbia parti-
cipato col Duca d'Alva....

Madrid, 20 marzo 1567.

Il Cav. DE NOBILI.

46. 1567, 3 Maggio.

Il Cavalier de Nobili al Principe.

. . . . . L'ambasciatore di Genova a questi giorni ha nego-
tiato assai, et per quanto io possa ritrarre, vorrebbe da S. M.
ottenere che nella passata di queste galere et fanterie si desse
una scorribanda in Corsica per dissipare i ribelli et seguaci di
San Piero, et finalmente vorrebbe ajuto di queste forze con
questa occasione. Non credo che l'ottenga, perchè se in Fiandra andrà presidio con il Duca d'Alva, saranno li Spagnuoli
che sono a Milano, et questi bisogni che vanno di quà si fer-
mino; et se si farà l'impresa d'Algiere, sarà bisogno che presto siano a questi porti.....

Di Madrid, 3 maggio 1567.

Il Cav. DE NOBILI.

47. 1557, 12 Maggio.

Il Cavalier de Nobili al Principe.

Io ho ritratto che l'ambasciatore di Genova fa grandissima
instanza con S. M. che s'accomodi la Republica di quelle
fanterie spagnuole, che sono in Italia, avanti che passino in
Fiandra, per servirsene in Corsica quasi per una passata;
perchè han disegnato di dar il guasto a questa ricolta; et
giudicono che facendo di questa maniera duo o tre anni ri-
durranno i Corsi a morirsi di fame; et questo pare che sia il

modo, con che hanno deliberato di guerreggiar con loro; e per l'occasione del guasto di questo anno domandono queste fanterie. La lor domanda s'è votata parecchie volte in consiglio, nè per ancora s'è risoluta, se bene pare che ci habbino dato orecchie. Io starò avvertito dell'esito che havrà il negotio, et ne darò particolar avviso a V. E.

Di Madrid, 12 maggio 1567.

Il Cav. de Nobili.

---

48.   1567, 30 Maggio.

Il Cavalier de Nobili al Principe.

Io rendei gratie al Sig. Rui Gomez, si come V. E. mi commise, et con quella occasione soggiunsi ancora, servendomi delli accidenti di Genova, ponendoli in consideratione quanto sarìa bene tener gli guomini, che non alzassero tanto la testa, et che questi erano principij di cattivi humori, che non cavandoli nutriscono infirmità più faticosa a guarire, et molte altre cose a proposito di questa materia, et in confermatione di quanto V. E. scrisse a S. M. per le cose di Corsica. Mi rispose molto gratamente ch'io dicea il vero, et che il modo propostoli da V. E. delle cose di Corsica era molto buono: ma che in verità non si conveniva a un Re, che una volta ha promesso, mancare della sua parola, accennandomi che S. M. deve haver promesso a Genovesi di non consentire a V. E. I. Io li replicai, che molte volte le conditioni de' tempi, et l'interesse proprio fa mutare di fantasia gli huomini particolari non che li Re, et che potria essere che venisse occasione, che a S. M. tornasse bene alterare in qualche parte le sue parole, et che S. E. si ricordasse in ogni occasione, quanto V. E. I. desidera servire a S. M., et quanto ella si possa fidare et assicurare di lei. Mi promise di star vigilante et farmi sapere quanto occorrerà et io lo credo, perchè mi mostra molta affettione.

Di Madrid, 30 maggio 1567.

Il Cav. DE NOBILI.

49-50.   1567, 20 Settembre

Il Cavalier de Nobili al Principe.

La ultima mia fu delli IIII di sett. per un corriere spedito qui dal imbasciador di Genova, per causa che le galere di Gian Andrea levasser di Genova certi soldati et dua mezzi cannoni et andassino a rovinar certa torre fatta da Corsi presso al Aiaccio dove si raccoglieron certi legnetti Franzesi che portavan vettovaglia in quel Isola, cosa di poco momento et facile a levar via, et la guerra che mi par che habbia deliberato i Genovesi contro a Corsi sara che ogni anno con le galere mettere in terra soldati alla sprovista et molestar loro le ricolte et abbruciare et ritirarsi et per mar impedire il più che potranno che non ci vadia legni, et assediarli con la fame, cosa lunga et a mio giuditio di poco momento.

Di Madrid, 20 settembre 1567.

Il Cavalier DE NOBILI.

51.   1567, 7 Ottobre.

Il Cavalier de Nobili al Principe.

Postcritta. Ragionandosi che questo anno il Turco mette in ordine grossa armata di mare, et insieme con questa voce dicendosi che e'debbe venire al conquisto di Corsica, se a V. Ecc. Ill.ma paresse che altrimenti non ardirci farne parola, potrei destramente et con Rui Gomez et con altri, con chi fosse a proposito, tener attaccato il ragionamento già mosso sopra le cose di Corsica, mostrando il pericolo et della perdita di quell'Isola, et del danno et disturbo, se ciò seguisse, delli stati di V. E. I. secondo la commessione della quale m'anderò governando.

Di Madrid, 7 ottobre 1567.

.Il Cavalier DE NOBILI.

---

52.   1567, 21 Ottobre.

Il Cavalier de Nobili al Principe.

. . . . Parlando con Rui Gomez nel suo giardino per altri negotii . . . . trascorremmo nel processo del favellare sopra le cose di Corsica, et mi giurò che veramente conoscea che tutto quel che V. E. havea proposto a S. M., era vero et che li piacea molto il proceder dell'E. V., nell'haver proposto i pericoli che soprastavano alle cose di S. M., che sono in Italia, lo star la Corsica en quella maniera sempre per cader in mano de' Franzesi, et conseguentemente il pericoli delli stati di V. E. sopra i quali sapea ben lui, quanto appetissero i Franzesi : perchè passando per Francia l'ultima volta havea scoperto sopra ciò l' intentione di que' Signori, e che V. E. havea fatto saviamente a scriverne a S. M. l'animo suo, et lodava ogni volta che ella lo farà in ogni occasione : et m'assicurava che Sua M. conoscea bene il tutto : ma il tanto desiderio che ha di lasciar le cose come l'ha trovate, fa, che non vorrebbe innovar cosa nissuna in pregiuditio d'alcuno . . . . . M'è parso darle notitia di tutto questo, acciò ch'ella come prudentissima ne possa cavare quanto le parrà di frutto, assicurandola che Rui Gomez mi mostra molta affettione....

Di Madrid, 21 ottobre 1567.

Il Cavaliere DE NOBILI.

53.   1567, 30 Ottobre.

Il Cavalier de Nobili al Principe.

. . . . Non lascerò di dire a V. E. come a questi giorni l'ambasciatore di Genova ha fatto grandissima diligenza di penetrare, se finito l'assentio delle galere, V. E. vorrà più seguitare con essi nel servitio di S. M., et s'ella n'è per disarmar parte, et per saper questo, ha messo sotto persone, le quali me l'hanno referto come chi paino un bruscolo nelli occhi tutte le galere, che V. E. tien li per la gelosia delle cose di Corsica; et disegna la Signoria d'armare sin' a sette o otto, et darle a particulari Genovesi secondo l'uso del Re a soldo.

Di Madrid, 21 ottobre 1567.

Il Cav. DE NOBILI.

54.   **1569, 19 Aprile.**

Il Cavalier de Nobili al Principe

E di poi comparso qui certa capitulatione fatta infra li
Corsi ribelli et li Genovesi, dove pare che li Corsi s'usciranno
dell'Isola in termine di cinquanta giorni con la roba che potranno portar con loro, et li cani, et l'ambasciadore mi dice
ch'era già terminata ogni cosa et correva il tempo....

Di Madrid, 19 aprile 1569.

Il Cav. DE NOBILI.

---

55.   **1569, 31 Dicembre.**

Il Cavalier de Nobili al Principe.

Suole spesso trattener in casa mia un corso di buona qua-
lità, et di qualche conditione, il quale traffica mercantie, ma
pare huomo di buono stomacho, et trattiensi hora in Italia et
hora in Francia et tal volta soprasta a questa Corte qualche
mese, perchè questo nuovo accordo di Corsica non li è piaciuto. Et ragionando con mecho mi dice che è passato di
Francia dove sono quasi tutti li fuorusciti di Corsicha, et che
han fatto capo a Monsieur, fratello del Re, general dell'esercito, esortandolo, come punto si accomodassino le cose di
Francia, andar alla volta di Corsica et che lui ha promesso di
farla et li ha soccorsi di danari per trattenere le pratiche
dentro nell'Isola, et che fin adesso li costa assai scudi. Et

crede al fermo che poi che lui si è resoluto alla spesa, che ci faccia assegniamento. Questo medesimo corso mi diceva quanta divotione haveva tutta quell'Isola nel Duca mio Signore, et si maravigliava che si come V. E. intrattiene soldati di diverse nationi, non havessi anche data ricapito a qualcheduno di quelli Corsi che si erano usciti dell'Isola e quali con il tempe l'harebbon possuta servire in qualche occasione, et mi pregava che come se ne tornava in Italia io li facessi una lettera per V. E. I. Mi è parso di dargliene adviso acciò che se la vorrà ch'io cacci nulla da lui me lo possa comandare.

Di Madrid, 31 dicembre 1569.

Il Cav. DE NOBILI.

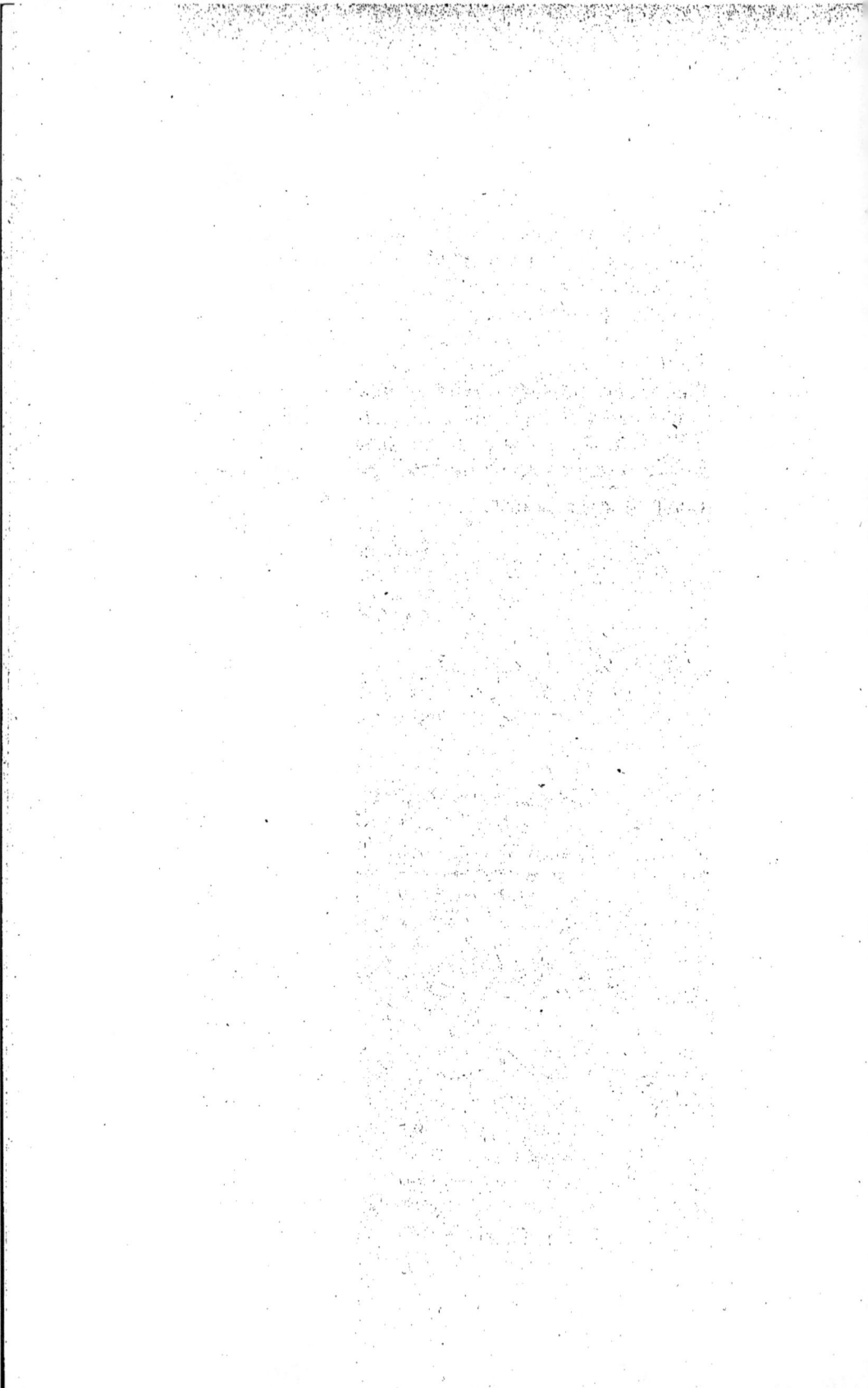

APPENDICE II.

N. 1.

A propos du siège de St-Florent, il y a lieu de rectifier une erreur commise par Filippini, d'après la version de Ceccaldi. Il s'agir du fait d'armes de Bernardin d'Ornano. Ce trait de valeur dont les troupes françaises furent témoins, et qui excita leur admiration a été dénaturé par les historiens Génois. Les historiens français seuls l'ont exactement raconté, et il mérite de sortir de l'oubli dans lequel tous ceux qui ont écrit sur la Corse l'ont trop longtemps laissé.

Filippini raconte que, deux heures avant la capitulation, Orsini, ayant fait appeler dans sa chambre Bernardin d'Ornano, Teramo de St-Florent ainsi que d'autres Corses, leur proposa ou de se sauver par mer sur des barques ou de forcer avec lui, les armes à la main, le camp ennemi. D'après cet historien, Bernardin et ses compagnons auraient répondu qu'ils tenteraient de s'échapper seuls sur des barques, ne voulant pas qu'il exposât dans une si périlleuse entreprise, avec sa vie, celle de tant de braves soldats qui pouvaient encore rendre de si utiles services au Roi; et ayant embarqué sa petite troupe, il se serait sauvé, sans avoir rencontré d'obstacle, — *non trovando impaccio*.

Merello se borne à dire: « La place fut rendue, et ceux qui se trouvaient dedans furent renvoyés libres à l'exception des Corses qui furent condamnés aux galères, encore ces derniers

furent-ils en petit nombre, parce que prévenus du sort qui
leur était réservé dans la capitulation, ils s'étaient la plupart
enfuis pendant la nuit, et que les autres s'étaient sauvés en
sortant travestis en soldats Italiens et Français. » (1)

Quant à Casoni, il rapporte que la capitulation établie et
signée, Doria s'étant entendu secrètement avec Orsini laissa
les Corses sortir de la place, et que Bernardin d'Ornano, Teramo de St-Florent et les autres Corses qui étaient dans la
place, étant montés dans trois barques, sortirent sans difficulté du golfe de St-Florent et qu'ils allèrent rejoindre de
Thermes à Vescovato. (2)

Tout autre est le récit du fait d'armes de Bernardin d'Ornano et des Corses, d'après Guillaume Paradin et Brantôme.
Ceux-ci l'avaient recueilli des officiers Français qui avaient fait
la guerre avec de Thermes, et qui en avaient été les témoins:
il mérite toute confiance.

« Et en cette manière, dit Paradin (3), passaient les mois
de décembre, janvier et février pendant lequel nos gens de
St-Florent vinrent à si grandes difficultés de vivres et de munitions de guerre qu'ayant déjà mangé chats et rats, il ne

---

(1) Fu renduta la fortezza, e que' ch'entro vi erano, mandati via liberi,
fuor solamente che alcuni Corsi, i quali alla galea condennati furono, e
questi ben pochi; conciofosseche risapendesi prima quale esser dovesse
ne' patti la condizione loro, la maggior parte se ne fosse fuggita l'ultime
passate notti, ed altri uscendo nella pressa travisati in maniera di soldati
Italiani e di Francesi si salvassono. — Merello. Libro terzo, pag. 182.

(2) L'Ammiraglio diede segretamente all'Orsino parola di permettere lo
scampo a Ribelli Corsi e Napoletani che erano dentro.... Firmati e sotto-
scritti questi patti, Bernardino da Ornano, Teramo da San Fiorenzo ed altri
Corsi e Napoletani che erano nel Presidio, imbarcatosi sopra tre schifi, non
trovando impedimento uscirono dal Golfo e si portarono al Vescovato a tro-
vare il Termes. Uscì poi l'Orsino col Presidio, mescolando i soldati Corsi
nell'altre Nazioni per salvarli; soli 33 di tanto numero furono riconosciuti
da' commissari della Republica e condannati al Remo. — Casoni. Tome 3,
livre VI, p. 65. Genova, 1799.

(3) Guillaume Paradin, doyen de Beaujeu. — Histoire de son temps, au
chapitre de la guerre de Corsique, — imprimée à Lyon en 1556. Paradin
entreprit avec les sieurs de la Maze et Nicolai d'écrire les guerres et les
événements de son temps, d'après les témoignages, dit-il, des capitaines et
gens ayant charges et autres gens d'honneur et de foi s'étant trouvés aux
affaires.

restait plus que la mort, s'ils ne se fussent rendus. Ce qu'ils firent se voyant en telle extrémité et hors d'apparence d'espoir d'être secourus. Ce qu'ils n'eussent jamais fait, s'ils eussent trouvé quelque moyen de vivre sans manger. Car du jour de leur reddition ils avaient déjà persévéré trois jours sans manger sinon de la viande de camaléon. Ainsi non forcés de l'ennemi, mais de la famine, vinrent à capituler avec l'ennemi aux conditions de rendre la ville et de s'en aller armes et bagues sauves. Toutefois l'on ne put jamais tant faire qu'ils voulussent prendre à merci un Capitaine de nation Corse, nommé Bernardin Corse, lequel ils voulaient avoir à leur discrétion ensemble sa compagnie. Ce que considérant iceluy Bernardin et l'envie que les ennemis avaient de le faire mourir honteusement, délibéra avec aucuns des siens les plus féables de plutôt mourir l'épée au poing que la corde au col. Et parce que le temps était bref, et qu'il était convenu de rendre la ville le lendemain matin, il pratiqua environ trente soldats des siens des plus braves de sa troupe qui n'étaient en moindre danger que lui avec lesquels il se résolut de sortir de la ville pendant la nuit, et passer à travers le camp des ennemis, l'épée au poing, et si cas advenait qu'il fut tué, que la mort lui serait plus glorieuse que d'être produit au supplice, et fait spectacle à ses ennemis. Or était le danger où ils le voulaient mettre si apparent que la mort n'était pas moins certaine d'une part que d'autre. Car il fallait fausser et rompre trois corps de garde avant que d'être à sauveté, et de l'apparence du danger et grandeur de désespoir leur croissait le courage de ne se laisser tuer sans faire grande exécution. Doncques suivant leur délibération sortirent de la ville environt vers minuit et donnèrent dedans le premier corps de garde avec si grande prudence et silence qu'ils eurent tué les sentinelles avant que le second corps de garde en sçût nouvelles. Ainsi d'un grand courage vinrent à rompre le second où ils exécutèrent grand nombre d'ennemis, frappant, blessant, tuant à dextre et senestre, à tort et à travers comme lions enragés en un troupeau de brebis : ainsi se faisant chemin avec l'épée se ruèrent sur le dernier corps de garde où le bruit était plus grand pour l'émeute des précédents. Toutefois leur croissant la vertu à mesure qu'ils avaient plus d'affaires sur les bras chamaillèrent tant tous ceux qui se trouvaient devant eux que finalement après grand meurtre d'ennemis échappèrent tout le camp et bien sanglants s'en vinrent rendre où était M. de Thermes; qui est un acte héroïque et admirable qu'une si petite compagnie ait passé malgré à travers tout un camp. »

A ce récit de Paradin il faut ajouter celui de Brantôme qui reprochant à Montluc de s'être opiniâtré à défendre Sienne jusqu'à la dernière extrémité et d'avoir été contraint de capituler, alors qu'il était tombé à la discrétion des ennemis, cite comme exemple de résolution militaire le trait de Bernardin d'Ornano. « C'était ce que devait faire M. de Montluc, ainsi que fit en ce même temps le capitaine Bernardin Corse, lequel étant assiégé par André Dorie dans St-Florent en Corse avec d'autres tant Français qu'Italiens, et ayant tenu jusqu'à la fatale extrémité de faim, en toute extrémité vinrent à composition avec le dit Prince Dorie qui leur promit toute bonne guerre de bagues et vies sauves sauf au capitaine Bernardin qu'il voulait résolument avoir pour en faire à son plaisir. Ce que voyant désespéré de sa vie il se résolut avec une trentaine de ses meilleurs et résolus soldats de sortir les armes en mains et de se sauver ou mourir bravement. Ce qu'il fit, car ayant combattu et forcé trois corps de garde l'un après l'autre et tué force ennemis, ils échappèrent bien sanglants pour tant où était M. de Thermes, Lieutenant du Roi, qui ne put assez admirer le courage et la valeur de ces gens de bien. »

C'est exactement de la même manière que le Président de Thou, dans son Histoire Universelle, raconte le fait d'armes de St-Florent.... « Bernardin Corse, homme de cœur et d'un courage intrépide ayant appris les conditions de ce traité aima mieux s'exposer à une mort honorable que de s'abandonner à la discrétion d'un ennemi victorieux. Il prit avec ses gens une résolution téméraire. La ville était investie de tous côtés par des lignes si exactement fermées que personne n'en pouvait sortir. Cet officier peu frappé de l'évidence du danger, après avoir tué tous ceux qui lui firent résistance, forcé les lignes et fait un grand carnage s'échappa enfin des mains des ennemis et fit voir par son exemple que rien n'est impossible au courage animé par l'exaspération. »

N. 2.

Le discours des ambassadeurs corses, la réponse du doge, l'acte de prestation de serment, les demandes des ambassadeurs et les réponses faites à ces demandes, se trouvent dans le Bulletin, Vol. III, pages 169-180.

TABLE DES MATIÈRES

ERRATA

Au lieu de	Lisez
Page 24, ligne 4, de la note, Commodo	Ceruscolo
» 41, » 2, de la note, Cini	Cirni
» 89, » 14, père du Roi	frère du roi.
» 94, » 15, guerre	guerre.
» 98, » 24, a S. M. che	a S. M. e a me che
» 104, » 20, Mamilla	Mambilla.
» 110, » 6, Vascelli	Vassalli
» 111, » 6, beae	bene
» 114, » 20, fòrse	forze
» 115, » 4, persto	presto
» 120, » 11, con le qui amiloale pregha	con lei la quale preghiamo
» 120, » 12, assoverel	assolvere.
» 121, » 25, senoriọs	senôrias
» 122, » 27, determi- el nado	determinado
» 124, » 1, tqdo	todo

PUBLICATIONS

DE LA SOCIÉTÉ DES SCIENCES HISTORIQUES ET NATURELLES

DE LA CORSE

Bulletin de la Société des Sciences Historiques et Naturelles de la Corse, années 1881-1882 et 1883-1884, 2 vol., 724 et 663 pages.

Lettres de Pascal Paoli, publiées par M. le docteur Perelli, 1re série, 400 pages. — Supplément, 201 pages.

Mémoires de Rostini, texte italien accompagné d'une traduction française par M. l'abbé Letteron, 2 vol., 482 et 588 pages.

Memorie del Padre Bonfiglio Guelfucci, dal 1729 al 1764, 1 vol., 236 pages.

Dialogo nominato Corsica del Rmo Monsignor Agostino Justiniano, vescovo di Nebbio, texte revu par M. de Caraffa, conseiller à la cour d'appel, 1 vol., 120 pages.

Voyage géologique et minéralogique en Corse, par M. Emile Gueymard, ingénieur des mines, (1820-1821), publié par M. J.-M. Bonavita, 1 vol., 160 pages.

Pietro Cirneo, texte latin, traduction de M. l'abbé Letteron, 1 vol., 414 pages.

Histoire des Corses, par Gregorovius, traduction de M. Pierre Lucciana, 1 vol., 168 pages.

Corsica, par Gregorovius, traduction de M. P. Lucciana, 1er vol., 262 pages.

Corsica, par Gregorovius, traduction de M. P. Lucciana, 2e vol., 360 pages.

(Ces trois derniers volumes font partie du même ouvrage).

Pratica delli Capi Ribelli Corsi giustiziati nel Palazzo Criminale (7 maggio 1746). Documents extraits des archives de Gênes. Texte revu et annoté par M. de Caraffa, conseiller, et MM. Lucciana frères, professeurs, 1 vol., 420 pages.

Pratica Manuale del dottor Pietro Morati di Muro. Texte revu par M. de Caraffa, conseiller, 1 vol., 354 pages.

BULLETIN

DE LA

SOCIÉTÉ DES SCIENCES HISTORIQUES & NATURELLES DE LA CORSE

PRIX DU BULLETIN :

Pour les membres de la Société, un an. . . **10** fr.

ABONNEMENTS :

Pour la Corse et la France, un an . . . . . **12** fr.
Pour les pays étrangers compris dans l'union
postale, un an. . . . . **13** fr.
Pour les pays étrangers non compris dans
l'union postale, un an . . . . **15** fr.

NOTA. — Tout abonnement est payable d'avance, et se prend à l'année,
du mois de janvier au mois de décembre.

S'adresser pour les abonnements à M. CAMPOCASSO, Trésorier de la So-
iété, ou à la librairie OLLAGNIER, à Bastia.

Prix du fascicule : **3** francs

www.ingramcontent.com/pod-product-compliance
Lightning Source LLC
Chambersburg PA
CBHW052054090426

42739CB00010B/2169